爸爸去哪儿

湖南卫视《爸爸去哪儿》节目组 编著

Where
Are We
Going?
Dad

CTS 湖南文艺出版社 博集天卷
PUBLISHING & MEDIA
HUNAN LITERATURE AND ART PUBLISHING HOUSE
CS-BOOKY

图书在版编目（CIP）数据

爸爸去哪儿 / 湖南卫视《爸爸去哪儿》节目组编著. -- 长沙：湖南文艺出版社，2014.2

ISBN 978-7-5404-6592-6

Ⅰ.①爸… Ⅱ.①湖… Ⅲ.①电视节目-拍摄-概况-湖南省②儿童教育-家庭教育 Ⅳ.①G229.276.4②G78

中国版本图书馆CIP数据核字（2014）第003938号

上架建议：畅销·亲子

爸爸去哪儿

编 著 者：湖南卫视《爸爸去哪儿》节目组
出 版 人：刘清华
总 策 划：谢不周
责任编辑：薛 健 刘诗哲
监 制：蔡明菲 潘 良
特约策划：邹和杰
特约编辑：夏川山
文案编辑：温雅卿 汪 璐
营销配合：李 鹤 尤艺潼
整体装帧：利 锐
出版发行：湖南文艺出版社
    （长沙市雨花区东二环一段508号 邮编：410014）
网 址：www.hnwy.net
印 刷：北京尚唐印刷包装有限公司
经 销：新华书店
开 本：700mm×1000mm 1/16
字 数：187千字
印 张：14.5
版 次：2014年2月第1版
印 次：2014年2月第1次印刷
书 号：ISBN 978-7-5404-6592-6
定 价：39.80元

（若有质量问题，请致电质量监督电话：010-84409925）

《爸爸去哪儿》
节目官方授权图文版本

出 品 人：吕焕斌

编 委 会：张华立　胡卫箭　龚政文　罗毅　罗伟雄
　　　　　聂玫　王维　穆勇　黄伟　王平

总 监 制：张华立

总 策 划：聂玫

监　　制：李浩

策　　划：谢涤葵

主　　编：谷良　刘正勇

首席编辑：阳光　杨昀

编　　辑：罗希　刘双昀

《爸爸去哪儿》官方手游下载地址：

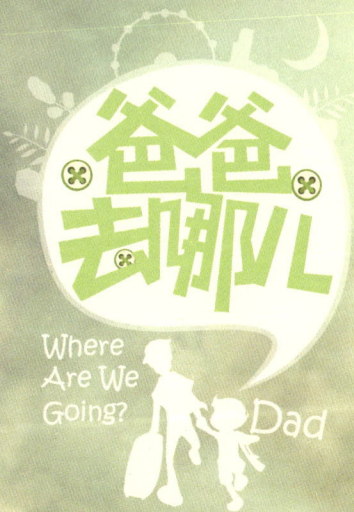

把一个疑问句式作为电视节目的标题是不多见的，《爸爸去哪儿》的核心就在于这个问号。假若还想安静地追究一点什么，我有时不得不背叛自己的职业，感觉文字更加可靠。

湖南广播电视台 副台长、总编辑

湖南卫视 总监

张华立

95年前，鲁迅先生振聋发聩地提问——我们现在怎样做父亲？《爸爸去哪儿》以生动活泼真实感人的镜头，尝试回答这个问题，引发了热烈关注并受到广泛喜爱。本书集结有关精彩文字以飨读者，让人们在微笑和感动的同时陷入思考。希望通过更多人的努力，早日达成鲁迅的期望：孩子们今后能够幸福地度日与合理地做人。

著名作家

毕淑敏

目录 / CONTENTS

爸爸
去哪儿

Where
Are We
Going? Dad

001

第一章

王岳伦&王诗龄　乐天派父女成长史！

——四岁Angela 情商第一名

他总是说，自己不擅长带孩子，不会做饭，不会梳辫子，不会给你穿上美美的衣服。
可你却总是说，爸爸的饭最好吃，爸爸给你的，永远都是最好的。
没有人天生会做爸爸，于是你抱抱他，让他不要灰心，不用太着急。

第二章

林志颖&小小志　正能量父子都很酷！

——四岁 Kimi 爱心第一名

你的爸爸曾是一代人的偶像，你一出现，也迅速被封为萌神。
你就是这样一个非常纯真的男孩。
在你的世界里，没有遮掩，没有算计，没有虚伪，你不擅长把
自己伪装成完美的模样。
你的爸爸相信这个世界上需要童话，而你就是他写过的最为美
丽的篇章。

2

086

第三章

田亮&田雨橙　超元气父女战斗中!
——五岁Cindy 乐于助人第一名

你是个爱哭鬼，也是个女汉子；你的哭声让爸爸手足无措，你的勇气让爸爸骄傲不已。
长大是个漫长的过程，慢慢来，不着急。
大家说，你是风一样的"女汉子"。爸爸说，你是我心中的未来之星！

130

第四章

张亮&张悦轩　耍帅王父子大反转!
——五岁天天 爱家人第一名

每一个认识你们父子的人，都情不自禁地假想，如果我有一个兄弟般的爸爸，该多么幸福。
你们一起玩闹，一起穿时尚的衣服，每时每刻都亲密无间，就像是多年的兄弟。
快乐的时候，你最想跟他分享；难过的时候，他会拍拍你的肩说，没事的，你是男子汉。
你给予他温暖，他教会你坚强。

174

第五章

郭涛&郭子睿 纯爷们儿父子不流泪！
——六岁石头 独立自主第一名

他粗糙的大手，最喜欢抚摸着你的毛茸茸的脑袋，那是
在外忙碌的他，最柔软的慰藉。
你最渴望的，便是能让他温柔地爱护你。
你一次次让他快乐、感动。
这一次，他愿意努力做一个慈祥的父亲。

214

第六章

背后的故事
——全体节目组 辛苦第一名

爸爸去哪儿
Where Are We Going? Dad

爸爸去哪儿
Where Are We Going? Dad

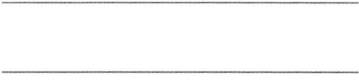

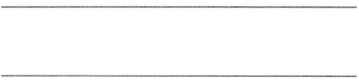

王岳伦&王诗龄

乐天派父女成长史!

——四岁Angela 情商第一名

他总是说，自己不擅长带孩子，不会做饭，不会梳辫子，不会给你穿上美美的衣服。

可你却总是说，爸爸的饭最好吃，爸爸给你的，永远都是最好的。

没有人天生会做爸爸，于是你抱抱他，让他不要灰心，不用太着急。

不论何时，不论何地，你都会是陪伴着他的Angel。

他执着地朝你奔来的样子，是你们在彼此心间种下的幸福。

第一部分

四岁Angela情商第一名

第一节：谁是安吉拉，小公主还是小天使？

累坏了的安吉拉

阳光明媚的午后，北京灵水村，怀旧的古村落散发出温暖的光。

胖得可爱的爸爸王岳伦拉着小公主王诗龄缓缓走到开阔的广场上。**这对父女总是不紧不慢的，仿佛在他们的世界里，时间总是要比别人过得更慢一些。**

爸爸是时常憨笑的知名导演，妈妈作为家喻户晓的女主持人，既漂亮又把事业经营得很好，女儿王诗龄（Angela，安吉拉）继承了爸爸的憨厚豁达，却也有妈妈那般的妙语连珠，有人说他们一家真像是现代版的“郭靖黄蓉和郭襄”。

北京
灵水村

　　盛夏的这一天，五个小朋友当中年龄最小的王诗龄第一次离开妈妈、离开家，被懵懵懂懂的爸爸带着去了远方。她不知道，在北京灵水村有什么正等待着她。

　　代理村长李锐宣布，接下来，各位小朋友要组队去各个农户家索取食材，有了食材晚上才有饭吃。王诗龄跟她快速熟络起来的小姐妹田雨橙以及小潮男天天分在了一组。他们挨家挨户地询问有没有他们的任务卡上出现的食材。没多久，他们的篮子里便装满了各种各样的食材。

　　在找食材的路上，王诗龄提着菜篮走了很久，这已经有些超过她平时的运动量，实在坚持不了了，她拍了拍走在前面的天天："天天，你

着急有事的样子
你先拿一下
可以啊

走啊
天天!

"天天，你帮我拿一下这个!
我不要拿着，我觉得太沉了!"

帮我拿着一下这个! 我不要拿着，我觉得太沉了!"天天接了过去，却拜托她提另一个篮子。憨厚的王诗龄接过篮子，并没发现新篮子比旧篮子更重。

当人们看到这一幕的时候，一部分人捧腹大笑，一部分人则觉得王诗龄有点儿娇气。

事实上，别看电视上只有一个半小时的节目时长，录制的时间要长久许多，孩子们的运动量都挺大的。王诗龄不是娇气，她只是比其他小朋友的体力差一些。

精神上的富养

王诗龄在节目中说："我不是大明星，我是小公主。"她的确是被富养出来的公主，可是这种富养并不仅仅是物质上的，更多的是精神上的。

这种精神上的富养，最大的体现就是，王诗龄的情商非常高。

情商是控制自己情绪、了解自己、理解别人、与别人沟通的能力。王诗龄的情商高在很多地方都得到了表现。

前几期节目中，王诗龄跟田雨橙（Cindy）之间发生过一些不愉快，可在山东威海鸡鸣岛投票选择代理爸爸的时候，王诗龄仍然在田雨橙面前说："其实Cindy姐姐对我挺好的。"这不是虚伪，她只是在努力地维系与Cindy姐姐的友谊。

Cindy姐姐对我挺好的

情商不高的人，表达自己的善意和爱时，往往是不得其法的，特别是在与对方产生过摩擦之后，更是难以拉下脸来与对方握手言和。王诗龄能够在一份难得的友谊和自己的那几分自尊心之间做出正确的抉择，而且表达得那么温柔恰当，让人很容易接受她的善意之举，对于这么小的孩子来说，这的确很难得。

爱爸爸

　　她的这种思维方式，是源于父母对她的教育。

　　在北京，第一天出发去灵水村的早晨，摄制组去到王诗龄家，当时她因为没睡够被叫醒了不高兴，哭了起来，跑到爸爸床边撒娇。换成别的爸爸，或许会说："你瞧，大家都看着呢，你怎么好意思撒娇呢？"可王岳伦的做法不一样，他不断地爱抚着王诗龄的头发，询问她为什么要哭。

　　王诗龄的确喜欢撒娇，并且她很擅长撒娇。撒娇并不是一件容易的事，现在的我们之所以不会撒娇，是因为我们有一种意识：撒娇被拒绝时，会让我们感到羞耻。

　　在王岳伦的教育里，没有给撒娇下一个负面的定义，所以王诗龄才会那样的亲近人，能够跟村长李锐撒娇，能跟摄像师撒娇，能跟小伙伴撒娇。她不把自己的想法闷在心里，想要关心人，便去关心了，想要获得伙伴们的关心，便主动表达自己的想法。柔软的少女心，在王诗龄的身上得到了充分的体现。她相信，世界上的人是需要互相关爱的。

小公主也很贴心

　　尽管最开始网友们觉得王诗龄有些娇气，但很快，王诗龄就用自己的行动，扭转了人们的看法。

　　北京灵水村，田亮的女儿田雨橙独自要来一堆食材，篮子重得都快提不动了，王诗龄虽然累，但还是立马跑过去帮忙一起提。

　　走在乡间的小路上，王诗龄跟田雨橙手牵手继续找食材，她嘴里总是念叨着，要给爸爸找辣椒，爸爸喜欢吃辣椒，没有辣椒爸爸会饿死的。操心的样子让人很想笑，却又觉得非常温暖。

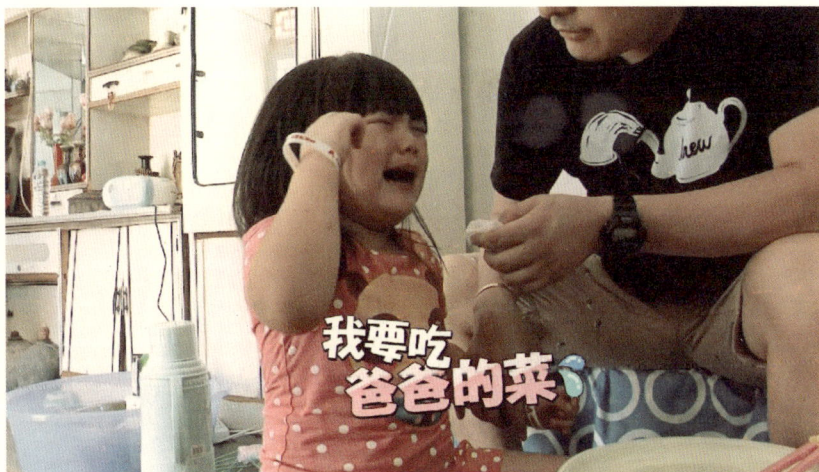

在北京灵水村比拼厨艺的时候，五位爸爸要将自己做的菜拿到四号房张亮家，让孩子们吃后选出自己觉得最好吃的。

走之前，王岳伦为了不让女儿饿肚子，非常有自知之明地地嘱咐王诗龄："待会儿不要吃爸爸做的菜，吃张亮叔叔的那个菜。"

没想到王诗龄竟然号啕大哭起来："不行！我要吃爸爸做的菜！我要吃爸爸做的菜！！"

王诗龄是真的喜欢吃王岳伦做的菜吗？其实谁都知道，王岳伦当时根本不会做菜，尽管王诗龄年龄小，可她绝对不会分不清什么菜好吃什么菜难吃。相比起爸爸，张亮可是专业大厨，做的菜能好吃一百倍，可她没有立马"叛变"，而是着急地用眼泪来向爸爸表示真心。因为无论别的叔叔做的菜再怎么好吃，她都要维护自己的爸爸。她哭泣的时候，是爸爸在旁边安慰，她害怕的时候，是爸爸牵着她的手走过黑暗，所以，她要用这种方式来回报爸爸的爱。

王诗龄对爸爸的维护之心可见一斑，这也让老爸王岳伦窝心不已。

在宁夏沙坡头，爸爸们捕鱼的时候，王岳伦缺乏经验，捕了半天都

我是一个不太专业的爸爸，
有一个非常天真无邪的女儿

毫无成果。这个节目刚开始的时候，王岳伦就说过："我是一个不太专业的爸爸，有一个非常天真无邪的女儿，我就怕我的女儿觉得自己的爸爸不如别的爸爸。"捕不到鱼的时候，他表面憨笑，内心却已是七上八下，要是再捕不到鱼，就该给女儿丢脸了。

王诗龄站在岸边，眉头紧蹙，脸上透露着焦急和担忧，可她嘴里丝毫没有埋怨爸爸，她知道爸爸正在努力，所以她一直都在大声给爸爸加油。

这种"爱的回报"在父女之间成倍累积，他们把体贴对方体贴他人当成了一种本能，所有的节目里，几乎都看不到他们责怪谁，更多的是去夸赞。在山东威海鸡鸣岛，有次走上坡的时候Kimi和王诗龄被落在了后面，天天走回去推着他们两个人走，王诗龄夸他："天天，你真是个好人。"在北京灵水村找食材进到一家农户家见到小baby（孩子），她会说："阿姨你家的小宝贝这么可爱呀！"这样的例子特别多。由此可见，**在精神世界被富养出来的孩子，总是显得更具仁慈心怀，内心幸福指数高，才能热衷于去赞扬他人。**

第二节：
体贴爸爸的小大人

爸爸要加油哦!

买菜时还价能越还越高的王岳伦，起初实在是让人有些不敢恭维。虽然，他在尽力做一个厉害的爸爸，可以很好地照顾女儿的爸爸，不过这一切都需要时间。**在王岳伦努力成为合格爸爸的路上，女儿王诗龄反而表现得大气十足，总能给他带来许多的正能量。**

王岳伦父女在节目中常常显得有点儿运气不佳，总是住进不太好的房子。前往山东威海鸡鸣岛的那天更是夸张，王岳伦匆匆忙忙拉着女儿跑到机场，结果还是误机了。等他们历经艰难赶到节目地点时，好房子全都被其他家庭占领了，只剩下那座"听上去很美"的草莓房。

代理村长李锐描述草莓房时，不惜用上了"童话般的"之类的形容词，极力刻画它的美好，为的就是让这对晚到的父女俩不至于太伤心。可等到王岳伦他们站在即将入住的屋子前，看见那座荒落的破屋子时，心里依旧涌上一股凉意……这不是"坑爹"吗! 什么草莓呀，就剩枯枝败叶了。

走进这座与"童话"二字千差万别的屋子，一阵浓郁的异味扑面而来，村长李锐发微博说："这屋子的异味真是太大了。"这间破房子让王岳伦有点儿沉不住气，神不守舍地在屋子里走来走去，他特别担心王诗龄会抗拒这里，不停地问女儿，觉得这里怎么样。

王岳伦替女儿着急，可王诗龄竟然一点儿都没有嫌弃这里，她淡定地说了声："还可以。"然后就爬到高高的长凳子上准备吃东西，还说能在家门口摘草莓真是棒极了！就算是成年人，也很少有这样的豁达开朗。望着天真豁达的女儿，王岳伦连连说："你喜欢就行。"

王诗龄从第一集在北京灵水村开始，就非常能适应环境。上交零食和玩具的时候，其他有小朋友都哭得都要崩溃了，可她却只是因为自己带了太多零食而害羞地笑了笑，随即爽快地交了出去。她的这种懂事，她的随遇而安，的确值得很多人学习、欣赏，同时也让爸爸能够更省心，也算是小家伙另一种意义上的为爸爸加油！

爸爸，让我照顾你吧

山东威海鸡鸣岛"草莓房"那次，王诗龄虽然没有说什么，可她这种淡定的表现，已经起到了安抚爸爸情绪的作用，爸爸之所以着急，不也就是担心女儿会不喜欢这里吗？

从那之后，人们发现，原本是应该爸爸安慰、照顾女儿的，可在王岳伦父女这儿，王诗龄却不是永远被照顾的对象，时不时地，她还能非常体贴地关心、照顾自己的老爸。

她的确很关心自己的爸爸。在宁夏沙坡头的时候，王诗龄爬到坡顶却下不来了，王岳伦让她快下来，她说太危险了，王岳伦立马小跑着上去接她。她知道，这沙坡对于她是危险的，对于爸爸同样是危险的，所以她赶紧说："爸爸你别跑，危险！"

第一天到北京灵水村，到了吃午饭的时候，王岳伦好不容易整出一桌食物，拉着王诗龄来吃饭。当时他们居住的环境是非常简陋的，除了床沿，连把椅子都没有。王诗龄只是简单地问了句："那椅子呢？我站着吃啊？"随即默默地站了起来吃饭，也没有执拗地要坐着吃。

在《爸爸去哪儿》第二期"宁夏沙坡头"录制中的捞鱼环节，心

爸爸好棒！
我爸爸也捞
到鱼了

宽体胖的王岳伦导演明显不及其他四位爸爸一般眼明手快。在其他爸爸接连捞上大鱼时，他在张亮的"帮助"下，好不容易才捞上一条小得有点儿可怜的鱼儿，但王诗龄却在岸上为他欢呼雀跃："爸爸好棒！我爸爸也捞到鱼了！"

王诗龄没有因为那条鱼很小就失望，小小的人儿心里似乎明白，鱼虽小，却是爸爸的进步，爸爸的成绩。她的打气让王岳伦受到不少鼓励，一番艰难的努力后，居然一下捞上来两条大鱼！王诗龄连忙一把抢过爸爸的渔网，面朝所有人使劲大喊："这是我爸爸捞到的鱼！"稚气的声音里穿透着无比的自豪感，让所有人都觉得又好玩又感动。

王岳伦深知女儿的体贴，自然也不甘落后，私下里补习了不少烹饪知识，到了后面的节目，虽然

做的东西称不上多好吃，却也依旧成为了进步最大的爸爸。

很多时候，大人也是需要鼓励和照顾的，王岳伦和王诗龄这对乐观豁达的父女，给了彼此许多的力量。这种神奇的力量能改变很多，比如让一个"不食人间烟火"的导演开始热爱下厨。

第三节：小小外交家

我们就像是老朋友

我是小小外交家

王诗龄总显得跟这个世界没有丝毫的距离，遇到陌生人，丝毫不畏惧，没多久便能打成一片，就跟相处了多年的邻居一般。

走在北京灵水村古老陈旧的街道上，王诗龄和她的两个小队友一起寻找着食材。热心的爷爷弯下腰来，询问王诗龄想要什么东西。呆萌的王诗龄一下子忘记自己来这里的目的，幸好机灵的天天出手相助。

提着从爷爷家得到的蔬菜，王诗龄乐得满面红光。临出门，爷爷跟她依依惜别，她忽然间拍着爷爷的手，像是个小大人似的嘱咐道："爷爷你在家好好的！”爷爷疼惜地摸了摸她的脑袋。

每一次去农户家要到了食材，王诗龄虽然有些后知后觉，却不会忘记一定要跟主人家道谢。“谢谢爷爷！”“谢谢阿姨！”这样的声音，不绝于耳。

他们寻找食材的路并不是一帆风顺的。

在一次找食材的过程中，到了一户农家，天天问身子半藏在门帘后面的阿姨有没有鱼和西红柿，接连被阿姨直接拒绝。换成别人，可能转头就走了。可王诗龄不知道是不是被屋里的小孩吸引住了，招呼着田雨橙说：“过来Cindy姐姐，看看小宝宝好可爱的。”

走进屋里之后，王诗龄看着小宝贝一个劲儿傻笑，主动跟小宝贝握手，还跟阿姨攀谈起来。正因为王诗龄的这一次停留，才让田雨橙有机会发现桌上的西红柿，两姐妹忐忑不安地讨要了两个，乐呵呵地出门去了。

王诗龄刚进门的时候，天天还在一旁很无语地抱怨：这是来找食材的还是来串门的呀。可谁能知道，因为王诗龄的无意之举，竟然意外地获得了他们需要的食材呢。不慌不忙的性格还真是给王诗龄带来不少意外之喜，傻人有傻福，是不是就是这个意思？

语言会潜移默化地影响孩子

看到节目后，妈妈李湘也很惊讶，原来自己的宝贝在独自一个人的时候是这个样子。

李湘在平常对王诗龄的教育中，并没有教过她这样说话。左思右想之后，李湘恍然大悟，也许是平常爸爸妈妈出门时，把她跟保姆阿姨留在家，会不放心地叮嘱：“Angela（王诗龄），你在家好好的啊！”

　　小朋友的模仿能力是很强的，不知不觉就学会了成人的词汇。所以李湘建议，爸爸妈妈在小朋友面前说话要特别注意和小心，千万不要在她面前争吵或者说不好听的语言或词汇，小朋友分不清一句话的好坏，又善于模仿，会把身边人说过的话用自己的方式在一个恰当的时候表达出来。像那句"爷爷你在家好好的"就是一个生动的例子。

　　李湘的父母都说王诗龄就是一个小李湘，完全一模一样。王诗龄在家就很有主人翁意识，会给爸爸妈妈夹菜，督促他们多吃有营养的菜，比如："妈妈你吃这个，这个虾仁可好吃了，今天炒得特别好！爸爸，你吃这个花菜，这个花菜可有营养了，你吃啊！"好像爸爸妈妈变成这个家里的客人了。

　　出门还一路招呼"慰问"，除了熟人邻居，还慰问小区里的保洁："阿姨，你累不累啊？"李湘认为女儿在某些方面甚至在影响她跟王岳伦："她爱赞美别人，爱跟人打招呼分享情感，影响我们做爸妈的一些

观点,有时我们还会跟着她认识一些新朋友,因为在Angela的世界里没有坏人。"

王诗龄对待这个世界总是充满了热情和善意,这份情怀让她得到许多朋友。

在前往宁夏沙坡头之前,还有一道考验,村长给了他们一个任务,就是花五十块钱去购买三天的食物,买完东西,王诗龄跟爸爸早早地往节目组的车子折回去。

半路上,天空中下起蒙蒙细雨。路上的行人撑起五颜六色的伞,有几个看上去像是刚放学的小姑娘,窸窸窣窣地跟在王诗龄身后,想靠近却有些不好意思,只能保持一定的距离。

她们一路尾随,王诗龄回头的时候终于发现了这三个小伙伴的存在,冲她们傻笑。三个小姑娘问她是不是大明星,王诗龄有点儿小害羞,扭头走着说:"我不是大明星,我是小公主。"不知怎么的,王诗龄就跟三个小女孩聊起来了。到了车子前,她们更是到了难舍难分的程度。

王诗龄站在车子的阶梯上,冲着站在下面的三个小女孩喊话,叫她们一定要看她上节目,还很自信地说了播出节目的频道是"12台"。临到落座的时候,她还邀请三个小女孩以后去她家玩。

其实王诗龄面对各种不同的人,都能主动亲近,这不是一件简单的事。有不少小朋友都是"颜控",是只喜欢跟漂亮的人做朋友,那三个小女孩皮肤黑黑的,穿着朴素,与王诗龄相比,失色不少。可王诗龄丝毫没有介意,与她们没有距离感,而就像是好久不见的老友,临别时约定下一次再见面。这一切如此自然,如此令人感动,不知道她们长大以后,还会不会记得那个雨日的约定呢?

王诗龄不仅能跟同龄人迅速熟络,跟老爷爷老奶奶也不在话下。山东威海鸡鸣岛那一集里,爸爸们烹制好捕来的鱼虾,邀请当地的几位老人一同享用。当别的小朋友都在各忙各的的时候,王诗龄主动为坐在那里的爷爷奶奶拿虾，请他们品尝，还爆出一条金句："你们可以尝尝，你们吃了就不老啦！"哈哈，这是长生不老虾吗？Angela，你的世界里一定满满的都是美好的童话吧？这份美好的梦想，实在是让人心里觉得温暖。

第四节：
小朋友们，我们做朋友吧

Kimi，好伙伴手拉手

灿烂的阳光拥抱着宁静的北京灵水村。

黄土色的小路上，王岳伦拉着王诗龄肉乎乎的小手，小小志Kimi紧紧跟随在他最爱的爸爸林志颖身后，两家人在一个拐角不期而遇。Kimi是个很水嫩很萌的男生，女生见到了，很少有不喜欢的，王诗龄也一样。她笑呵呵地走过去打招呼，两个爸爸一没留神，王诗龄便悄悄地牵起了Kimi的手。

他们两个子差不多，都很可爱，走在一起，让人不禁称赞"金童玉女"。看得出，王诗龄对kimi挺有好感的，Kimi也绅士地想要邀请王诗龄去自己家玩耍。

第二天早晨，透亮的空气让整个世界都分外静谧，王诗龄早上一醒来，便想起昨天那个可爱的男生，拉着爸爸的手，气喘吁吁地跑去Kimi家门前，想要见他。

Kimi家大门紧闭，王诗龄有些小小的失落。正要往前继续走的时候，门突然间开了，Kimi在爸爸的陪同下走了出来，王诗龄想都没想，

KIMI，
好伙伴

很自然地跑过去拉Kimi的手。可能是Kimi刚睡醒情绪不佳，不像昨天那样热情地冲王诗龄笑了，而是自己跟着爸爸往前走去，连头也没有回。

身后那个女孩，脸上的笑容冷却了，可能心也碎了一地。但她依旧是那么豁达，满脸认真地问爸爸："他是不是还没有睡醒？"因为王诗龄有起床气，早上总是会因为没睡够而发脾气。她认为，Kimi也是因为有起床气才这样的。

她总是善于美化这个世界，没有硬撑，没有强装，她坚定地相信，这个世界是友善的，没有人会讨厌她。她从小就生活在赞扬和爱里，Kimi的甩手离去，想必也并不是因为讨厌她吧？

很快，他们俩又在放羊之时乐开了，他们笑嘻嘻地讨论着羊车，还说要一起去找羊车。可转眼，就因为王诗龄踢了羊一下，便激起了Kimi的愤怒，一气之下捏了王诗龄的脸。王诗龄哭得梨花带雨，把Kimi也给惊着了，他只是想保护自己的小羊。

在工作人员的鼓励下，他们俩握手言和，一起去找羊车。

王诗龄跟Kimi的友谊可真是一波三折，之后在沙漠里，Kimi赌气地踩了她的海绵宝宝，把她气得不行，扭头就走。可每一次她都是那么容易原谅朋友，Kimi追上去哄了哄，王诗龄立马又笑逐颜开了。

小姐妹，永远的姐妹

同样，王诗龄跟她的小姐妹田雨橙的友谊也很曲折。

节目的最初，她们俩便成为了好朋友，牵着手一起去看她们要住的房子。在宁夏沙坡头，她们一起去找食物，下坡的时候，有些急性子的王诗龄无意中推了田雨橙一下，她没想到自己方才的举动害得田雨橙险些摔倒。

一开始她并不认为是自己错了，后来，一旁的工作人员告诉她田雨橙是因为被她差点儿推倒而生气的，她还是不愿意道歉，可能是觉得自己又不是故意的，干吗要道歉。

很快，她尝到了不道歉的后果。田雨橙无论如何都不理她，这让王诗龄慌了手脚，又是主动给田雨橙披衣服，又是把萝卜送上。

这时她才明白，即便自己不是故意的，但是错误犯下了就是犯下了，必须得道歉才行，否则她最喜欢的Cindy姐姐就不会理她了。

当然，田雨橙也不是小心眼的女孩，见王诗龄已经知错了，最终还是跑过来说："妹妹我们还是和好吧。"两个人又抱在一起，哄笑成一团。

对着彩虹许下愿望...

　　王诗龄和田雨橙这对姐妹的姐妹情十分曲折，让人更为感叹的，却是一盒牛奶引发的故事。

　　这一次，一向对食物充满热情的王诗龄却被小姐姐田雨橙教育了一番。在山东威海鸡鸣岛的清晨，天气阴凉，微风清爽，两个小姑娘穿着小外套走在石板路上，悠闲自在。王诗龄更是兴致大发，喝起了牛奶。喝了一会之后，大概是太胀肚子了，王诗龄顺手就把牛奶盒子扔在了地上。没想到，原本以为是再普通不过的动作，却引起了田雨橙的不满。

　　因为田雨橙此时被爸爸田亮交代了要照顾好王诗龄，她像个小妈妈似的折回去捡起牛奶盒，放在耳边摇了摇，发现里头还剩了一些牛奶，便要求王诗龄把它喝完。王诗龄有些不愿意，她实在是喝不下了啊，为什么还要喝。

　　为了这个"扔不扔"，姐妹俩吵了起来，闹到了代理爸爸田亮那里。田雨橙气得直哭，田亮在一旁安慰着，王诗龄最后居然乖乖地把牛奶全部喝完了。

　　从这一点可以看出，王诗龄虽然因为年龄小，有时候比较任性，但她看到田雨橙生气了，认识到自己这样做是不好的，就会立马改正。能如此照顾到朋友的心情，是很多同龄的孩子做不到的。

　　几次吵架和好，每回都是王诗龄忍不住跑去道歉。可以看出，她从心底里是希望跟朋友们好好相处的，一直生活在包容和赞美中的小公主Angela，为了她的朋友们，一次次放下公主的架子，主动认错，因为她把朋友放在了心里特别重要的位置。

　　王诗龄是一个个性强、情商高的孩子，虽然被家人无比宠爱，但礼

貌、善良、友爱却一样不少，更难能可贵的是，她与小伙伴闹矛盾时不是吵着找爸爸，而是自己想办法解决，非常独立。

闯祸的时候，比如在宁夏沙坡头的时候，鸡抓了Kimi，她会马上说："对不起，它绳子松了！"受到帮助时，比如在山东威海鸡鸣岛时，她在下坡路上摔跤了，被小伙伴和摄制组人员迅速扶起，起来后不哭不闹不抱怨，还记得向哥哥姐姐们说："谢谢你们，真谢谢了。"

她之所以能获得很多朋友，与小伙伴们迅速打成一片，不仅仅是因为她外向、真诚、豁达，还因为她独立、有感恩之心。

第五节：
有吃的就什么都不怕

我是小吃货我骄傲！

出发做节目的第一天，北京，摄制组一行人拜访王诗龄家，王诗龄的起床气消了之后，立马跟没事儿人似的跑到餐桌旁乖乖坐下，开始认真地享用桌上的早餐。

看着屏幕上的王诗龄，让人不禁感叹"这孩子太能吃了"。那么一大杯牛奶，咕咚咕咚地就喝光了，之后立马又笑嘻嘻地再要一杯。每次看王诗龄吃饭，简直是一种享受。在大多数人觉得吃饭是稀松平常的事的时候，王诗龄每一次都像是吃大餐一样，兴致勃勃，吃得津津有味，哪怕是爸爸做的"黑暗料理"，也能像是山珍海味一般去品尝。

而且不难发现，在之后的节目当中，每当面对食物的时候，王诗龄总是显得特别专注，一对乌黑清澈的大眼睛直愣愣地盯着食物。比如那次在宁夏沙坡头，大家一起吃晚饭，坐在旁边的Kimi满脸天真地问王诗龄："是不是不好吃？"可王诗龄一脸郑重地吃着食物，完全无视Kimi。后来王岳伦拜托王诗龄少吃一点儿，别忘记妈妈的嘱咐，很少生气的王诗龄竟然有点儿小怒："我吃完这个就不吃了！"她对食物的热爱，真是几乎达到忘我的境界。

很多小朋友都是被爸爸妈妈爷爷奶奶满屋子追着喂饭吃，为什么王

一口闷的气魄！

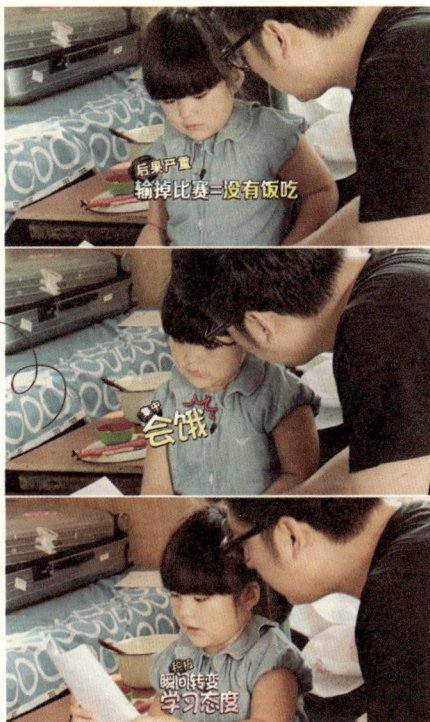

失去食物是相当
严重的事

诗龄没有这样的问题呢？这都得归功于李湘的教导。

　　李湘算得上一个严厉的妈妈，她会给王诗龄制定一些"铁律"。其中的一条便是：吃饭只能在餐桌上吃，下了桌子就没的吃了。

　　有了这样的纪律，王诗龄知道，不是任何时候，任何地点，都可以有饭吃的，必须要好好把握在餐桌上吃饭的机会，要是不好好吃，那可就真是挨饿没商量了。

　　李湘的这种教育方式，虽然看上去有些严厉，但确实对孩子的成长大有帮助。首先，这可以给孩子一种遵守纪律的概念，孩子不会胡来。其次，认真地吃饭，更利于食物的消化吸收。另外，也可以让孩子更多地尊重食物，不会把食物看得很随意，可有可无。

　　在云南普者黑，爸爸们要划着小船去争夺湖中心挂着的食物，食物

按照序号依次排列，有的包裹里的食物很丰盛，有的则差一些。王岳伦没划过船，在后面缓缓地跟着。站在岸边的王诗龄一直在给爸爸加油，看到爸爸掉队了，唯恐爸爸拿不到食物，竟然急得哭了起来。在她看来，失去食物是相当严重的事，让她有危机感。而每次有食物摆在眼前，她都会像是见到亲人一般，专注地盯着。在吃货的眼里，食物，就是希望，就是光芒。

王诗龄能有这样强烈的认知，是跟李湘的"食物教育"密不可分的。李湘的一条"饭桌制度"，让王诗龄意识到了食物的重要性，她开始尊重食物，珍惜食物。看上去这并不算什么大事，可是要知道，尊重食物，是尊重他人，尊重这个世界的开始。

第一节：
从什么都不会到什么都会一些

狼狈的爸爸

北京灵水村的一切都还鲜活地印刻在脑海里。王岳伦憨憨地拉着王诗龄走向镜头，也不知道当天的衣服是不是王爸爸给搭配的，极具"创意"，而且头发也没能收拾好，让人想到一个词"风中凌乱"。

按理说导演的审美应该差不了，可是在节目中，王导给王诗龄打造的各种造型，真是搞笑到让人不忍直视。同样一件衣服，在家里妈妈给穿上之后，王诗龄就是个文静的小淑女，可被爸爸打造出来，她就成了一个"凌乱的少女"：发箍乱戴甚至不戴，任大风把王诗龄的头发吹成一蓬草，放羊穿小礼裙，盛夏穿棉袄，刮风时却穿单衣……王导啊王导，你实在是太有想象力了！

这是田亮叔叔
给我做的造型

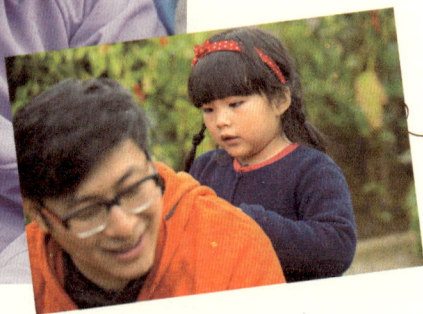

哈哈哈哈哈！！！

李湘在家里看着电视，惆怅之余也要被女儿的崭新造型逗疯了。她早就在担心女儿上镜不漂亮，被老公乱搭衣服，拖了后腿，没想到自己的担忧果然变成了现实……

王诗龄所有的衣服都是李湘买的，这之后她都会把衣服搭配好拍下来给王岳伦，这样基本上就不会有太大差错，唯一可能出问题的就是发型。

在云南普者黑，王岳伦给王诗龄穿上了一件美丽的花衣服，这当然是没问题的，不过问题出现在了帽子上。那套衣服的领子比较高，如果搭配一个发箍就很完美了，可惜王导太自信地给王诗龄戴上了一个渔夫帽，这下子王诗龄的小脸蛋儿显得更加圆润了，而且看上去呆呆笨笨的，爬都爬不动。

还有那回在北京灵水村，小朋友们要独立去放羊。按理说，放羊也算得上是一项体育活动了，应该穿得干练一些，方便活动一些才是，李湘在电视机前看到穿着粉色小礼服放羊的女儿，无奈地捂着脸，潜台词或许就是：Oh My God（哦，我的天呀），我的老公真是太有创意了（后来大家才知道，王导当时给女儿穿礼服是因为只有那条礼服足够长，可以让女儿免于被蚊子叮）……

细心的人发现，有一件衣服，王诗龄在家里穿它照过相，那叫一个温婉恬静小淑女呀，那件衣服，王诗龄在节目中也穿过，可观众硬是不敢相信那真的是同一套衣服。

当时，在宁夏沙坡头的沙漠里，天色昏黄，夜风渐起，小姑娘头发也没梳好，像是刚刚睡醒似的站在风中抱着双臂瑟瑟发抖，穿着那件衣服还真是服装界的蔡依林（百变天后），而这一切的创造者就是她的老爸王岳伦！

北京灵水村的第二天早上，王导发现女儿的发型在睡醒后有些奔放，便把女儿抱起来扎头发。王导大概没想到，几百人的剧组我都能管得好，却被这一把小头发给打击到了。爸爸的大手在女儿柔软的头发面前，异常尴尬，手上的橡皮筋都在为王导汗颜："王导，你到底行不行呀……"最后王导还是求助于摄制组工作人员，王诗龄的头发才被扎好。

着装搭配也就罢了，穿错了最多就是有损美观，可不会做饭就真是要饿死人了。在旅途的第一站，北京灵水村，节目组给每个爸爸发了一袋面粉，让他们自己准备午餐。王导一脸心虚地拿着面粉，他认识面粉，可是面粉不认识他啊！这可怎么办？

他想起小时候吃过的一道美食，面疙瘩。于是浩浩荡荡地开工了！

拿着一个洗干净的小盆，往里头撒了些面粉，然后有模有样地往里头加水。糟糕，水太多了，成面糊糊了，没关系，赶紧再加一些面粉！于是就看见王导加一点儿水又加一点儿面粉，不是水多了就是面粉多了……这就像是数学里令人绝望的符号"∞"（无穷大），蔓延到时光尽头，看不到希望也看不到终点。

爸爸你
会做饭吗

"爸爸当然会做呀……"
"问题是老爸不会开火……"

　　终于，那一盆面粉勉强和好了，王导满心欢喜地抠了一坨面，可是那面团大概是在方才的那一番调和过程中跟王导建立起了深厚的革命友谊，死活不愿意撒手。王导一狠心，破罐子破摔，拼命甩着手把可怜的面团甩进了油锅里。事后，其他爸爸看到节目，都笑着打趣说："早知道是这么做的，当时就不吃了……"

　　后来在宁夏沙坡头，爸爸们要自己动手给女儿做饭吃。王岳伦面对食材，心里仍然犯怵。在帐篷里，王岳伦最发愁的不是怎么做饭，而是怎样把燃气灶给弄燃。

　　弄了半天，王诗龄在一旁有些丧气地问："爸爸，你会做饭吗到底？"王爸爸没底气地说："爸爸当然会做呀……"心里却汗颜道：问题是老爸不会开火……

　　云南普者黑的那一次更为搞笑，贴心的王诗龄给爸爸带来了一把红辣椒，王爸爸正在厨房里忙活，连忙叫王诗龄先别进来，屋里烟太多了，怕熏着她。屋里，王导专心致志地忙着，面对摄像师的提问，他说："拍电影还得放烟呢！"要是拍电影这么放烟，演员真的受得了吗？

更搞笑的一幕紧接着发生了。王导乐滋滋地看着锅里的番茄和鱼，心想要不要试试鱼汤的滋味呢？于是他用锅铲舀了一点儿汤，喝了一口感叹道："真鲜啊！"可一旁的工作人员却很不好意思地说："水好像还没开……"王导："……"

正如节目第一集开头，节目组去王岳伦家拜访时李湘所说："王导是艺术家，是不食人间烟火的。"事业上取得佳绩的王导，在生活中却是一个落后生，让他担起独自照顾女儿的责任，论谁都得捏几把汗。

所以李湘说，咱们家参加这个节目不是为了锻炼女儿的，而是为了锻炼爸爸的！

不再做甩手掌柜

看到网友们的吐槽，王岳伦也承认，平时工作很忙，在家里基本是个甩手掌柜，女儿的生活全都是老婆和保姆负责料理。

参加了这个节目之后，王岳伦才意识到，在照顾女儿这件事上，他真是个超级大菜鸟。当初李湘同意老公和女儿参加节目的初衷基本达到了，王岳伦回家之后，变化非常大。他竟然围上围裙走进了从来不进的厨房。

做饭、烧鱼，全都尝试过，虽然不一定好吃，但是李湘依旧积极地鼓励他，至少他愿意进厨房了，这就是一个特别大的进步！

而且女儿跟爸爸的关系也越来越亲密、依赖。从前都是："妈妈我的什么东西在哪儿？""妈妈我要穿鞋。""妈妈我要上厕所。"现在

不再做甩
手掌柜

呢，全都变成了向爸爸求助："爸爸可以带我出去玩吗？""爸爸我们去逛街吧？"于是李湘终于从"苦海"中解脱出来，乐得清闲。

在节目中，王岳伦的表现也大有进步。

黄沙遍野的宁夏沙坡头的沙漠，白色的小帐篷里有了动静，各家的爸爸叫醒了酣睡中的孩子，王岳伦竟然没有赖床，早早地穿好衣服，动身给王诗龄做早餐。

他把馒头切成片，裹上鸡蛋汁，放进油锅里炸成馒头片。那一刻，虽然他做的食物技术含量不高，但是他的脸上满是回忆和幸福。

他说，自己小时候，每天早上起来上学之前，老爸都会给他做馒头片。王诗龄还没吃过他做的馒头片呢……小小的馒头片，也包含着大大的幸福。

到了夜晚，女儿该睡觉了，王岳伦打来热水，细心地帮女儿擦拭小脚丫。虽然后来还是不小心让女儿滚倒在床上，不过王诗龄的脸上却满是喜悦。

后来在山东威海鸡鸣岛，王岳伦做了一条鱼，在油花四溅的惊吓中，他终于完成了自己的作品。

晚上，大家伙聚在一起，热热闹闹地吃饭。累了一天的王诗龄肚子早就饿得咕咕作响。她像往常那样，搬着小板凳在餐桌旁坐好，开始吃爸爸做的鱼。爸爸问她好吃吗，她认真品尝后，郑重地点了一下头说好吃。

这一声鼓励，无论是安慰还是真心，都给了王岳伦莫大的肯定。在当一个好爸爸的路上，还有很多东西要学习，得到女儿的认可，比任何事都令他开心。

后来他们来到了牡丹江雪乡，白茫茫的雪地一望无边，就像铺开了一个童话王国，让孩子们感到极为新鲜有趣。在这里，他们又一次地展开了抢房大作战，爸爸们要拉着坐在雪橇上的孩子跑到自己心仪的房子去，先到先得。之前在节目中总是住破房子的王岳伦，眼见着这是节目的最后一处旅行地，实在是不忍心让女儿失望，他得让女儿住一次最好的房子，在女儿的记忆里，为这次漫长的旅行画上一个圆满的句号。

代理村长李锐宣布抢房大战开始，五个爸爸早已有了心中的目标，拉着雪橇，带着孩子一路狂奔出去。王岳伦的目标是四号房，那是一座大家心目中的豪宅。跟他有同样目标的，还有田亮父女。更加巧合的是，他们在接近四号房的逼仄的小路上狭路相逢了！

一贯温文尔雅的王爸爸，不再像往常那样万事不争，这回他可是豁出去了，拉着王诗龄在厚厚的雪地里疯狂前进，甚至还让雪橇翻车了！

眼见着就要失去四号房，王岳伦一咬牙，暂时让摔倒的王诗龄待在原地，自己先跑过去抢房子。

把自己的背包放在四号房的那一刻，他实在是太满足了，他终于能让女儿住得舒舒服服地享受这童话般的雪乡风景了。

这样的心情，或许是每一个爸爸都有的吧——自己的形象、顾忌，全都可以抛开，只为了让自己的宝贝过上最好的生活。

第二节：
懒爸爸的好人缘

王岳伦到底是导演，导演需要管理协调一个庞大的团队，最擅长的就是团队协作。从宁夏沙坡头之旅开始，每次做菜，王岳伦总是能找到好帮手。他很少独立行动，也明白自己的弱项所在。所以在他不会做饭的时候，就主动去找郭涛、张亮帮忙。王岳伦平时性情很随和，跟其他爸爸们相处得挺融洽，大家都乐意与他合作。

有了这种合作，即便他完全不懂得做饭，但能给别的会做饭的爸爸打打下手，依然可以为女儿准备好晚餐。

在宁夏沙坡头那次，爸爸们又要去为宝贝们的晚餐争取食材了。爸爸们穿上捕鱼专用的裤子下水了，他们的任务就是抓到鱼，给孩子做晚餐。

有人问王诗龄，你担不担心爸爸呀，王诗龄毫无底气地说："不担心……"她可能早就猜到老爸会栽在这上面吧。

果然，王岳伦这个行动缓慢的爸爸实在是敌不过敏捷的鱼，拿着两

个渔网在水里倒腾了半天依旧一无所获。这时他便偷偷向张亮求助。张亮可是个捕鱼达人，之前就已经捕到了超大的鱼，帮帮王岳伦，不算什么难事。

两个爸爸为了不让王诗龄发现，悄悄地开始合作捕鱼。张亮捕到一条鱼，赶紧扔进王岳伦的渔网里。

王岳伦深知，即便一个人会的东西再多，也总会遇到自己不擅长的。这时，团队合作就显示出它极大的优越性。同时，随和的性格又帮助他顺利获得伙伴们的帮助。

这种行为方式，无形中影响着王诗龄。

在北京灵水村，王诗龄提篮子累了，会主动找天天求助，这大概就是受了父亲的影响。当自己有困难的时候，她不会羞于向伙伴开口求助，同样，当自己能帮上他人的时候，王诗龄也毫不退缩。

在山东威海鸡鸣岛跟奶奶相处的时候，王诗龄接过奶奶手上的花生，要剥给奶奶吃。然后还很细心地用湿纸巾给奶奶擦手，说："奶奶辛苦啦！"在她能力范围内的事儿，她总是乐于帮忙。

在教育孩子上面，李湘与王岳伦立场是一致的——把孩子当朋友，并且平等地尊重她，这样孩子才会自信。而且千万不能有强权思想：爸爸妈妈都是对的，你必须要怎么做。在孩子成长的过程中，爸爸妈妈要成为陪伴孩子的好朋友，特别是要珍惜陪伴孩子的时光。

李湘提到，现在很多的年轻父母工作繁忙疏于照顾小孩，把孩子给爷爷奶奶、外公外婆甚至保姆照顾。有时候跟孩子打电话甚至都不知道说些什么，无法见证孩子的一步步成长。既然把孩子带到了这个世界上，就得陪伴孩子认识这个世界，孩子的成长万万少不了父母的陪伴。

第三节：
沟通式教育法则

王岳伦是个文人气质很足的人，他对待女儿既不像林志颖那样活泼，也不像郭涛那样严厉，常常都是用一种讲道理的方式，冷静地耐心沟通。这是他的教育法则。

在北京灵水村时，孩子们要去执行新的任务——放羊。五个小朋友涌进羊圈，一个个手疾眼快地牵住了拴羊的绳子，唯独田雨橙没有牵到绳子。失落的感觉瞬间化成泪水，从田雨橙的眼里落下。

大家听见田雨橙的哭声，愣了半天，唯独王诗龄主动走过去说："Cindy姐姐，我的羊给你吧。"旁边的工作人员也附和着说："妹妹太小了牵不动羊，你帮妹妹牵吧。"田雨橙才止住了眼泪，接过绳子露出微笑。

到了晚上，王岳伦搂着王诗龄躺在床上，柔声对她说，爸爸很喜欢你把羊给Cindy姐姐。他及时地发现女儿做出的优秀表现，并用简单的语言告诉女儿，这样做是很好的，爸爸是会开心的。王岳伦后来说，现在的孩子都是独生子女，他们共同的毛病就是自私。所以当看到女儿懂得谦让、分享的时候，他如获至宝一般加以鼓励，这便能让王诗龄以此为荣，越发地乐于分享。

同样也是在北京灵水村，王诗龄因为生气，把手上的东西往地上一

扔，让王岳伦很不满。到了晚上，临睡前，王岳伦问坐在床上的王诗龄，今天有没有表现不好的地方，他用语言引导女儿说出自己的错误。王诗龄不是不明白自己有哪些行为是不好的，事实上，她的确知道自己生气扔东西是不好的，如果王岳伦不去在意，不跟她认真讨论这件事，她可能就以为这是可以被原谅的，继续犯同样的错误。

王岳伦进一步告诉王诗龄，生气扔东西是很不好的表现，以后要改正。他用平静地语气，用文人的讲道理的方式，点出女儿的错误，这种方法能很好地与女儿沟通，并让她积极改正。

在山东威海鸡鸣岛，有一次，Kimi在玩闹中打了王诗龄，把她给弄哭了，王岳伦耐心地缓和两个小朋友的关系，然后说："来，握握手还是好朋友。"Kimi随即说："对不起。"王诗龄很本能地迅速说："没关系。"可是好景不长，王诗龄还是没能走出悲伤的心情，大哭大闹起来。

王岳伦抱起女儿就往外面走，因为他觉得，在孩子哭的时候，大人不可以袖手旁观。他选择把女儿带离那个伤心的环境，并且慢慢安抚女儿的情绪。这一次他没说什么，只是陪伴，虽然没有语言的沟通，却有心灵的沟通。幸好碰上一只可爱的小狗，老爷爷把小狗送给了王诗龄，王诗龄瞬间就笑开了花。

王岳伦很少直接说出女儿的错误并且一口否定女儿的做法，常常都是用一步步引导的方式解决问题。

这种沟通式教育法则的优势，便是能引导孩子自己说出自己的错误，首先正视自己做的是错的，然后知道父母的想法，了解父母希望自己做出怎样的表现。冷静有理的沟通方式，不会激起孩子的逆反心理，更容易让孩子接受父母的教育。

我最最亲爱的小妞：

正如爸爸妈妈给你取的英文名字Angela一样，你真的就像一个坠入人间的天使，感染着身边的每一个人，温暖着每一颗心。在这个节目当中，你给了所有看过节目的人太多太多的惊喜和意外的感动。爸爸以前不是很合格，对你没有过多的了解和关爱，都是在忙于工作，但是在你的心目中，爸爸却是最有能力和最棒的，爸爸想到这里真的是分外内疚和惭愧。

虽然爸爸所有任务都完成得很吃力，不够完美，但是你每次都没有埋怨爸爸，反而是大大地认可和信任，你充满童真和贴心的话语还有行动，让爸爸几次感动至深，心想无论再苦再累，爸爸也要加倍努力让你为我而骄傲，就像你那句"爸爸永远是最棒"的。六次旅行让你和爸爸都成长了，让爸爸也真正走进你的心灵，对你的所有的思想、行为习惯也有了全面的了解，让爸爸也变得越来越合格，越来越自信，让我们的感情变得难以割舍，互相依赖，也让爸爸看到了你的超重的情商和你独有的那份纯真和善良。当然也有一些小调皮和小脾气，不过你已经很努力地去克服和改正，你的每一点变化爸爸都看在了眼里，真心为你而骄傲，你也让很多很多人看到你一如既往的礼貌、懂事、独立和那份难得的童真，在很多的时候，爸爸都自愧不如，你对周围所有人的关心、热情和对恶劣居住环境的坦然接受，对未知领域事物的勇敢、执着等等太多太多，爸爸都应该向你学习呢，毕竟你才四岁。

　　总之爸爸承诺以后还要带你去更多更多的地方，去做更多的旅行，让你去见识我们这个神奇和美好的世界，爸爸会一如既往照顾你、呵护你，让你发自内心地幸福，爸爸真不想你快快长大，因为有一天爸爸终究会老，你会有你的家庭，你总会有一天离开爸爸，我想我一定会伤心欲绝的。因为我们有太多太多美好的回忆，所以爸爸今后会多花时间陪你、照顾你，珍惜和你在一起的分分秒秒，因为爸爸这一辈子最成功、最大的成就就是拥有你。

永远爱你的囧爸：王岳伦

听老爸的心里话

有太多话却不知从何说起

2

第二章

林志颖&小小志

正能量父子都很酷！

——四岁Kimi 爱心第一名

你的爸爸曾是一代人的偶像，你一出现，也迅速被封为萌神。

他很少告诉你应该做什么，他希望你能在一个纯洁无瑕的梦幻城堡里自由地长大。

但他陪伴你的时间也少得可怜，所以你无法顾及旁人的眼光，拼命地抓紧爸爸的手。

你不是一个爱说话的小孩，有时候你显得与其他小朋友交流不畅。

可莎士比亚说，无言的纯洁的天真，往往比说话更能打动人心。

大概，你就是这样一个非常纯真的男孩。

在你的世界里，没有遮掩，没有算计，没有虚伪，你不擅长把自己伪装成完美的模样。

你的爸爸相信这个世界上需要童话，而你就是他写过的最为美丽的篇章。

纯白，本真，还有你酣睡的面庞。

第一节：
哈尼呆萌点头小王子

"神仙爷爷"，你好

Kimi有着一颗许多人已经失去的相信童话、相信纯真的心。

在山东威海鸡鸣岛上，小朋友们又接受了新的任务——陪伴岛上的留守老人，哄他们开心。

上午，五个小朋友热热闹闹地出发了。大家走进一间屋子，里屋的床上坐着一个老奶奶，想必知道节目组要来，已经早早地坐在那里等待了。Kimi今天特别兴奋，情绪高涨地给老人们介绍身边的小伙伴们：**"这是恬恬！这是石头！"** 完全不复之前对陌生人的生疏。

Kimi在参加《爸爸去哪儿》之后的成长可能是最大的。他每一步的成长，都让我们越来越喜欢他。他对这个世界的一切都有一种珍惜的心

"神仙爷爷"

情，见到"神仙爷爷"更是。

在湖南平江，林志颖跟所有爸爸一样，正在小房间里大变装。两小时后，林志颖化身白胡子仙人，骑着很不和谐的摩托车赶到目的地。Kimi找不到爸爸，被工作人员带领着走在小路上。远远地，Kimi看见草丛里站着一个白衣白发的"老爷爷"，就跟小时候想象中的神仙爷爷一样，有慈祥的面容，留着长长的白胡子，手执一支魔法棒。"老神仙"为了吸引Kimi的目光，正挥动魔法棒，指挥着空中那台摄影飞机左右移动。在Kimi的眼里，这真的太酷了。

跟"神仙爷爷"攀谈几句，小Kimi冥冥中对这个"爷爷"有一种好感，竟然很自然地牵着"爷爷"的手走了。半路上，他们碰到了王诗龄。两个小朋友一起看"爷爷"施法，Kimi看到"神仙爷爷"挣扎的样子，心疼得左顾右盼，后来在爸爸包里翻到假面骑士又憨憨地笑；在

Angela也得到"神仙爷爷"的礼物时也很开心，他全部的心思都放在这个神奇有趣的过程上。

然后爸爸出现了，他不哭也不闹，仍旧天真地相信这一切。孩子的世界总是这么柔软美好，小Kimi幸福的萌呆和笑容，又感动了多少大人的心？

五仁月饼人气飚红

今年，五仁月饼也跟着《爸爸去哪儿》红了一把。

在去宁夏沙坡头之前，每一个爸爸都得到剧组发放的50元钱，爸爸们要带着孩子，用这仅有的50元，买来三天的食物。

　　林志颖带着他的宝贝Kimi踩着泥泞的小路慢慢走着，他们看到路边的小摊正在卖月饼，便走过去议价。

　　试吃的时候，林志颖随意地挑了一块月饼，先自己试了试味道，然后喂给Kimi吃，他问Kimi好不好吃，Kimi点点头说好吃。结果一问老板："这是什么馅儿的？"竟然是传说中被人们赶出月饼界的五仁馅儿月饼！

　　在Kimi眼里，死掉的蜘蛛很有趣，突然出现的"老神仙"很有趣，这个世界的一切都很有趣。**在孩子的世界里，对绝大多数事物都没有模式化的概念，所以他会带着客观的视角去看待周遭的环境。**人们因为Kimi觉得五仁月饼好吃而兴奋，从另一个方面来说，是因为Kimi给人们带来一种思考——我们对于世界上的很多东西，是不是太先入为主、太有主观色彩了呢？这样的我们，是不是失去了很多快乐？

　　人们都说孩子是最可爱的，可爱之处便在于他们的童真。**纯真的Kimi没给这个世界贴上标签，没有绝对的讨厌和排斥，只有让他离开自己爱着的人和物的时候，他才会按捺不住，用发脾气和哭泣的方式表达悲伤。在他的眼里，所有给"厌恶"留下的空间，全都被"喜爱"所占据，他总是能感受到这个世界带给他的新鲜与快乐，对一个孩子来说，这是如此幸运。**

　　林志颖秉承让孩子自由长大的一贯作风，在吃了月饼之后，没有告诉Kimi好不好吃，而是询问宝贝自己的第一感觉，这便是Kimi一直给人像白纸一样纯净的感觉的原因。

　　无论如何，幸运的是，五仁月饼总算是翻身了，从此，它也能在月饼界长长地吁一口气了。

　　代表五仁月饼感谢Kimi。

第二节：
善良的爱心小使者

放开那只羊，少女！

　　Kimi跟王诗龄的友谊一直被人们津津乐道，可即便是这么亲密的关系，依然也会陷入僵局。这次还是因为小动物。

　　在宁夏沙坡头时，王诗龄抓着一只捡来的鸡，开心地跑到大人面前展示。那只鸡使劲扑棱着翅膀，Kimi可能觉得鸡太可怜，于是突然大吼："不许弄它！"把王诗龄给吓坏了。

　　其实，Kimi跟动物的相处方式跟其他小朋友是不太一样的。刚到北京灵水村新家的时候，院子里有一只小

更看重的不是"我喜欢它"，而是"它喜欢我"

狗，别的小朋友都是和小动物亲近玩耍，而Kimi却跟小狗说"你不乖，你不许咬人"，那时候他就像是小狗的大哥哥。

而面对爸爸钓到的鱼，他反复追问的是："它还活着吗？"每一次Kimi变成动物大使的时候，全身都像是天使在闪光。

默默关心身边人

礼貌用语，是表达情感的形式，而感恩，是人的本能，Kimi不懂形式，只有本能。

Kimi跟大家一起赛跑，因为年龄小跑得慢，一下子就被远远地甩在了后面，气得直跺脚，大喊："等我一下啦！"人们看到了他傲娇的一面，却常常忽视了，那一次和天天、王诗龄一起过海石路的时候，天天没来得及扶王诗龄，是Kimi一直搀着妹妹，而他自己都走不太稳，却在王诗龄无助的时候，伸出自己瘦小的手。

这个孩子的思想很简单，当认为比他弱小的人或动物"受欺负"

时，他总会忘记自己的弱小，伸出援手。当王诗龄哭的时候，他给予帮助，可当王诗龄"欺负"小羊的时候，他又会自动站到弱者的一方。同时，他也希望能得到比自己强大的哥哥姐姐的帮助。

他虽然跟大家说话不多，但从很多细节都看得出，他的心里有大家。

林志颖问Kimi，最喜欢队伍里的哪个小朋友，Kimi想了想说，他喜欢石头。林志颖问他原因，他说，石头懂得分享，愿意把自己的玩具分享给大家玩。可见，他虽然不太会说谢谢，但是人家对他的好，他都记得清清楚楚。

在山东威海鸡鸣岛，爸爸们在海边钓鱼，为宝贝们取得晚餐的食材。当大家都在为自己的爸爸呐喊助威时，Kimi突然说了一句："所有的爸爸，都要加油哦!"他的心里或许知道，**每一个孩子都特别爱自己的爸爸，他希望每一个爸爸都能钓到很多鱼，都能像林志颖那样，成为孩子心目中的英雄。**

一切都是那么自然而然。

大人总是容易批评Kimi这样的小孩"怎么能把别人帮助自己当成理所当然的",这恰恰说明了,我们总在无意识中扭曲了"互帮互助"的含义。好像在我们的观念里,帮助别人是自己善良,别人帮助自己是别人善良,不可以主动请求帮助。这个孩子完全没有"帮助别人才是懂事好宝宝、帮助别人是美德"的观念。在他看来,帮助和被帮助,是很自然的事情。大家是一个集体,你帮我,我帮你,无须言谢,一切感恩,都在心中。

第三节:我要我的爸比

爸比是心目中的大英雄

Kimi是个特别的孩子,能看出他们家的教育的确和其他几个家庭有所不同。**在Kimi的眼中,爸比就是奥特曼、就是变形金刚一样的神存在,不同的是爸比更灵活、更有血肉、更有温度。**

牡丹江雪乡的冬天,是冰雪的王国,孩子们裹着色彩鲜艳的棉服,坐在雪橇里玩得不亦乐乎。雪橇不仅仅是他们玩耍的工具,同样也是一次竞赛的道具。爸爸们要用雪橇拉着孩子去抢自己心仪的房子,他们将在这里度过难忘的时光。

林志颖动作慢了一点,厚实的衣服实在不便于活动。这样的下场就是Kimi住进了最差的五号房。

一走进屋子,Kimi就被浓浓的煤气味儿给熏着了,连连说这里好臭。跟上一次住的房子比起来,这里的环境实在是差太多。

　　Kimi闹情绪了，看着黑漆漆的屋子、破裂的墙面、简陋的设施，觉得自己的房子一点儿也不酷。

　　经历了这么多次旅行，他已经知道豪宅的含义。一开始村长给他们看五所房子的照片时，他就盯着豪宅四号房的照片双眼发直。他还跟爸爸说了无数次："我要去四号房。"

面对Kimi的情绪化，林志颖有些为难，于是循循善诱地对Kimi说："你喜欢跟爸比在一起，还是想自己去住四号房？"

Kimi仿佛感知到爸爸的心意，于是说："我要跟爸比住。"

是呀，正如父子俩所想，只要是跟彼此在一起，住豪宅、住陋舍，又有什么区别呢？Kimi只要跟爸爸在一起，别的要求都可以放到一边。之后Kimi很快就发现这里的好处，躲在被子里享受地说："好温暖哦！"

有你在就天不怕地不怕

平常可能由于林志颖的工作关系，Kimi与他相处的时间并不多。正因为这样，Kimi才格外珍惜跟爸比在一起的时光。

在山东威海鸡鸣岛的夜晚，星空特别美，一大群人聚集在庭院里，代理村长告诉五位小朋友，现在他们要去旁边的小房间，给爸爸们投票，并且不可以选自己的爸爸。得票最高的爸爸，将成为代理爸爸，照顾小朋友第二天的生活。

一听说爸爸要离开自己，不清楚情况的孩子们一个个都着急起来，哭着执意要选自己的爸爸。

这是Kimi哭得最伤心的一次。他以为这次选择过后，爸爸就会永远离开自己了，所以，似懂非懂的小Kimi一再坚持选自己的爸爸。正因为心里对爸爸有满满的爱和依赖，Kimi才不愿意多离开爸爸一分钟，格外珍惜与爸爸相处的日子。即便不按规则投票会使得自己的这一票作废，他也依旧固执地投给了林志颖。

爸爸是心目中的英雄

只要爸爸在，他就有勇气面对一切；有爸爸在，他就天不怕、地不怕。可一旦爸爸不见了，他的世界便像是要塌了。深爱爸爸的Kimi为了挽留爸爸，可以不顾一切。

郭涛曾说过，他佩服和羡慕Kimi爸爸的一点，就是在Kimi看来，爸比是最厉害的超人。能被自己的孩子如此崇拜，大概是每个爸爸的心愿吧。

《爸爸去哪儿》剧组参加《快乐大本营》的时候，当大家问Kimi："你爸爸是干什么的呀？"他满脸骄傲和自豪地说：**"爸比是真正的赛车手！"**最后，他洪亮地吼出**"爸！比！林！志！颖！"**的那一刻，着实震撼了每个人的心。

如果将孩子对父亲的这种深情，简单归结为过分依赖和不独立，那么就太小看"爱"这个字了。

爸比，多陪陪妈咪吧

山东威海鸡鸣岛的夜晚，一顿温馨的海鲜大餐之后，孩子们被依次请到安静的房间，跟村长李锐聊天。轮到Kimi的时候，他显得有些心不在焉，或许是在担心，跟村长聊天的时候，爸爸会又一次突然消失吧。

村长问Kimi："爸爸经常要出去工作，爸爸出去的时候，你想不想爸爸？"Kimi郑重地点了点头。村长又问："你最希望爸爸经常都陪在你的身边，对不对？"Kimi加大力气又点了点头，看得出这真的是他最大的愿望。此时的林志颖已经有些哽咽，村长的问题，刚好戳中了他的心。

最后村长问："是想要他常常回家呢？还是想要你最

喜欢的玩具？还是希望他经常陪你的妈妈？你最希望什么？"Kimi的小手摸了摸眼睛，喉咙紧得有些说不出话，用双手托着小下巴，害羞地说道："陪我的妈妈。"

村长又问了一次："最希望他有时间能多陪你的妈妈，是不是？"

Kimi："嗯。"

村长："他在家的时间太少了是不是？"

Kimi："嗯。"

村长："如果，有爸爸在家陪妈妈，妈妈就会特别开心。"

Kimi："嗯。"

村长："爸爸妈妈一起在你身边的时候，妈妈就是最幸福的，你也是最幸福的，是不是？"

问到这里，频频点头的Kimi幸福感溢于言表。这一幕，不知道让多少人为之落泪。

这是多么感性、敏感的孩子，或许林志颖根本不知道Kimi的脑子里思考过这些问题，所以当Kimi那样说的时候，他才会那么惊讶。

Kimi黏人、有时脾气坏，可是，他把自己爱的人的一切，通通记在了心里。他跟爸爸在一起笑得特别开心的时候，总是会露出一瞬间的悲伤，那一刻人们明白了，Kimi在想，如果爸爸能够同时陪着我和妈妈该有多好呢？这样的话，妈妈也能跟我一样开心了。

第四节：
全民见证奶娃独立成长记

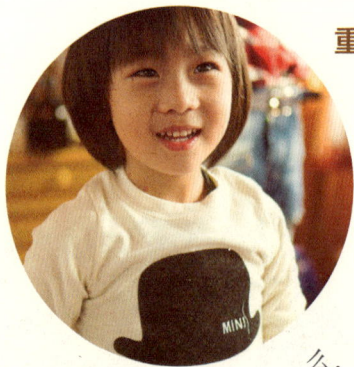

重感情的小Kimi

Kimi是个重感情的小孩，无论是爸比还是妈咪，又或是自己心爱的小玩具，全都投以最为深切的爱意。

那天他或许也不知道自己将要去干什么，只是爸比在前一晚说，明天"要去一个好玩的地方"，所以当节目组的叔叔阿姨们敲开他房门的时候，他的脸上挂着难以掩饰的欣喜——太好了，又可以跟爸比一起去玩了！

可当Kimi被爸爸牵引着跟其他四组家庭一起走到北京灵水村的广场上时，Kimi却感到有点儿不对劲。他蹙着眉头盯着那个自称"代理村长"的叔叔还有一大群工作人员犯愁，这些叔叔阿姨到底是干吗的呀？

为什么一直跟着我，今天不是要跟爸爸出来玩的吗？

代理村长李锐说，接下来，请大家交出自己所有的零食和玩具，包括通信工具，把它们通通放到前面的小箱子里。Kimi对他的零食没有过多挽留，唯独偷偷藏起了他的一个玩具"小黄"，那是一只毛绒小狗。

天真的Kimi即便是藏起了东西，却还是告诉了他的爸爸："包包里还有玩具。"林志颖说，小黄也要交出去才可以哦。这下子，Kimi开始有些受不了了，他哭得梨花带雨的，伏在爸爸的肩头擅抖着声音说："好……好……"不愿意交出小黄。

有很多观众看到这一幕，第一反应或许不是同情，而是质疑：为什么一个男孩子，会对玩具这么依赖，而且节目组到他的住所时，他的房间里堆满了各种玩具，这个小孩每天都跟玩具做伴吗？他难道都没有朋友吗？

事实上，你猜对了，Kimi就是拿玩具当朋友长大的小朋友。林志颖每天的工作都被安排得满满当当，很少有时间陪他，又因为他是名人的孩子，不太方便随意地出去玩耍。所以，在他幼小的世界里，能够成为朋友的，只有满屋子的玩具，而那只小黄，是他的最爱，所以这次出来他才会带着小黄。面对与小黄的分离，他虽然听爸爸的话，愿意交出小黄，心里却如同跟最好的朋友诀别一般痛苦。

交完了玩具和零食，爸爸们要带领宝贝们去参观他们的新宿舍。林志颖和Kimi很不幸地抽到环境最糟糕的一间屋子，这屋子里的床上甚至趴着一只大蜘蛛！

林志颖面露难色，Kimi发现蜘蛛就问爸爸，那里怎么有一只蜘蛛，林志颖解释说那是"玩具"。Kimi一听是玩具，便丝毫没有畏惧了，要爸比拿给他玩。林志颖虽然还沉浸在"这间屋子要怎么睡啊"的忧虑当中，但还是先帮Kimi把蜘蛛拿过来玩。Kimi有了新"玩具"，心情好多了，嘴里还说着："玩具好好玩哦！"可这份好情绪还没维持多久，他突然站起来说："爸比，我要……"林志颖问他是不是饿了，可Kimi却说，他想找妈妈，说着说着就又动情地哭了起来。

爸比和奥特蛋，一个都不能少！

认识可爱的王诗龄之后，Kimi的表现似乎稍稍转好。他终于笑了，还夸王诗龄"超甜的"。午后，他主动跑到正在穿鞋的王诗龄面前，邀请她一起去看大公鸡，王诗龄这个暖心小公主主动跟Kimi牵手，让Kimi也开心了不少。

孩子总是容易亲近大自然，被公鸡和小羊吸引住目光的Kimi变得话多了一些，他还能认出哪个是羊妈妈。此时的Kimi兴致高了不少，看完了小动物，还主动邀请王诗龄去自己家玩。原以为这位小朋友终于能适应这个崭新的环境了，却没想到他的笑容并没在脸上停留多久。

很快，小朋友们迎来了第一个任务，那就是要去寻找食材和锅，以此获得午饭。

爸比和奥特蛋
一个都不能少

　　Kimi跟石头分在了一组，他们的任务是去找锅。石头软硬兼施，依旧无法撼动这个随时可能飙泪的小弟弟，无奈之下自己先去执行任务了。过了一段时间，Kimi想起石头哥哥怎么不见了，林志颖鼓励他去问问旁边的阿姨，可Kimi不敢，畏畏缩缩地躲在爸爸身侧。

　　起初的那段日子，初来乍到的Kimi显得不那么活跃。即便执行任务可能很好玩，但一切的快乐，Kimi都希望他的爸比能陪在身边，不然他就很难感受到快乐的所在。

　　Kimi在之后的旅途中，一次次给人们惊喜，可每逢要跟他的爸比分离，他又总会变回黏人的小孩。

　　在云南水乡普者黑，一大早，石头郭子睿和王诗龄便跑来Kimi家找他一起去完成任务。Kimi还在酣睡，在石头的逗弄下，终于爬了起来。可穿好衣服，知道要跟爸比分开，Kimi生气了。他对石头大吼道："不要再来了！"在他看来，石头他们的到来，就是要把他从爸比身边带离。

　　过去的日子里，Kimi能见到林志颖的时间并不多，这次的旅行，他们俩好不容易可以待在一起这么久，他不知道为什么一定要去完成那些任务。他不愿跟爸爸分开，这是多么难得的能跟爸爸在一起的时光啊！

　　同样的一幕在山东威海鸡鸣岛再次上演。那天，田亮是五个孩子的临时爸爸，他带着其他四个孩子去Kimi家，Kimi此时躺在床上"零反应"。醒来之后，发现爸爸不在了，Kimi突然有点儿慌张，又面对这群要把他带走的人，他更是蒙蒙眬眬地散发着起床气。

　　天天知道他相当在意自己的玩具，便用激将法逗他说，再不起床就要把他的"奥特蛋"拿走。Kimi果然帅气地中招了，噌的一下站起来，像是面对仇人一般瞪着眼睛指着天天说："不行！（奥特蛋）只有一个！你这个大笨蛋！我不喜欢你了！"把天天给吓得不轻。

　　在Kimi的世界里，除了爸比，就是他的玩具。在宁夏沙坡头的那一次庆生会，Kimi对奥特蛋的念叨也让观众见识到了他的执着意念。

早在Kimi生日前，林志颖就问他生日最想要什么，Kimi说，他想要奥特蛋。林志颖答应他，一定会在生日那天送给他。生日这天，恰逢节目录制，节目组精心送上蛋糕和玩具吉他，可这些东西对Kimi的吸引力远不及奥特蛋，无论大家怎么逗他开心，他都对奥特蛋念念不忘，甚至在回去的路上还在问爸爸，奥特蛋呢？

可以说，刚来到《爸爸去哪儿》时的Kimi给人们留下的印象是有点儿"不食人间烟火"，他的世界里仿佛只有爸比、妈咪和小黄是值得信任的、容易亲近的。然而，**对这个生疏的外部世界，小心翼翼地试探并没有错，他只是暂时躲在自己的玩具王国里不愿走出来**。而且，在随后的日子里，我们看到Kimi越来越独立，越来越像个小男子汉，于是我们知道，他并不是自闭，而是因为在他的世界里，一直以来最最在意的只有爸比、妈咪和他的玩具伙伴罢了。

Kimi真的超酷的

Kimi的表现在最初或许并不如人所愿，在前几期节目中，他与其他的小伙伴一起进行任务时，离不开爸比，会吵着闹着要爸比陪，但在云南普者黑，Kimi突然给了大家一个大大的惊喜。

Kimi一开始依旧不肯独自去完成任务，林志颖无奈之下只能先陪他出发。后来Kimi被什么东西吸引住了目光，此时，身后的林志颖缓缓后退，趁Kimi还没察觉，悄悄地走开留下他一个人。

回过神来，Kimi找不到林志颖了，那种孤独可怜的眼神令人心酸不已，可他并没有如大家所想的那样崩溃大哭，而是一秒长大，懂事地说："回来之前就见不到爸爸了。"意思是自己在完成任务之前就见不

超酷的哟！

到爸爸了。

那时他想，只要跟着石头哥哥完成任务就可以回来见到爸爸了，所以当石头邀请他一起走的时候，他二话没说就跟了上去，勇敢地迈出了第一步，成长得非常迅速。连村长李锐都在微博上说："**Kimi进步真的很大！以前会胆小害羞，不敢打招呼。今天见到我主动喊'村长早上好'，拿凳子过来；'村长坐这里，'夹吃的放我碗里，'村长早上要吃东西。'你知道我的惊讶和感动，他才刚满四岁！**"他开始从最初那个自我、封闭的小孩，变成一个敢于跟人说话、愿意去关心他人的小孩。Kimi跟着节目一起长大了，终于不再过分依赖爸爸林志颖了。

在湖南平江，村长提出，接下来的一整天里，小朋友们要交换彼此的爸爸，跟新爸爸共处一天。往常喜欢腻着爸爸的Kimi，一反常态地接受了"粗放型"育儿的郭涛爸爸，乖乖地跟着郭涛走了。

尽管Kimi在车上表现得爱答不理，不过这可能是因为和郭爸爸不熟悉，熟悉了之后还是相当听话的，全天的表现都很棒。

　　特别让人心酸的一幕是，郭涛把Kimi逗乐了，然后出去忙事情的时候，原本还在笑的Kimi却开始默默地擦眼泪。

　　他并不是真的能离开爸爸了，他只是在强迫自己努力，爸爸一直都是英雄，他不可以这么懦弱；虽然心里已经无比思念爸爸，可也只有在周围没人的时候，才敢悄悄地释放一点儿泪水，这样的话，心里就能好受一些，就可以再坚持一会儿。只要再坚持一会儿，完成了任务，就可以见到爸爸了吧……

　　尽管郭涛和Kimi是对风格最迥异的"父子"，可随着郭涛的耐心感化，Kimi还是喜欢上了新爸爸。在两人一起挖泥鳅时，Kimi还问："郭爸爸，我们的桶子是这个吗？"问完以后才放心将泥鳅放入桶中。听到小Kimi叫自己"郭爸爸"，郭涛颇为动容，老实说，让Kimi接受自己，实在是很难得。

郭爸爸也很酷噢！

坚强！
坚强！

　　Kimi的进步也体现在他越来越坚强上。那次他们在湖南平江跟老艺人学皮影，Kimi从外面跑回来的时候，听见屋内的锣鼓声已经敲响。为了不错过演出，他着急忙慌地跑进去，突然，不知道是不是想起了什么，猛然一回头，鼻子撞在了坚硬的摄像机上，鼻子破了皮。因为本能地感到疼，他只允许自己哭鼻子一小会儿，等痛感散去，便立即飞奔去看皮影了，**用这看上去很洒脱率性的动作回应了自己曾经的娇弱。**

　　Kimi现在已经可以完成每一个出行的任务。参与任何一个环节，他都能积极地做一些力所能及的事情，前期的呆萌哭闹只是适应过程，待适应了新环境之后，Kimi才展现出他活泼天真可爱的个性，每逢有新任务，都会踊跃地去完成，甚至还能试着照顾比自己年纪小的人。

在湖南平江，Kimi和王诗龄、天天需要去村里找到一个一岁左右的小孩，体验"为人父母"。没多久，他们就找到了合适人选。三个小朋友对这个小弟弟特别热情，还主动帮弟弟洗衣服。虽然他们三个不知道具体该怎样洗衣服，还为了洗一盆衣服倒光了几瓶洗衣液，但看到他们热火朝天地互帮互助，依旧让人欣慰。

也许是太过投入，Kimi竟然一头栽进了洗衣服的水池，好在节目组有专门的人员负责照顾孩子的安全。Kimi小小个头呆萌又害羞，但在关键时刻非常勇敢。工作人员一边用毛巾帮他擦干水，Kimi一边自己开起了玩笑："**掉到水里太好玩了，我好好笑……像结婚那样我爸爸跳水，脱衣服跳水里了……**"（爸爸妈妈结婚的时候也这样掉进水池里。）

原来Kimi想起了林志颖结婚时来宾们在泳池边逐个跳水的场景。那一刻，Kimi一边开心地笑，观众一边深深体会到Kimi对爸爸妈妈的爱都是走心的，爸爸妈妈的开心时刻他从不会忘记。

这不是一个单纯离不开爸爸的孩子，而是一个深爱父母的孩子，别人的小事他可能会不记得，而**有关父母的点滴小事，他都当作自己的宝藏永远珍藏**。吃饭能想到爸爸，睡觉能想到爸爸，就连落水那么危险的事，也能因为想起爸妈结婚时也这样跳进水里而大笑起来。

从刚开始离不开爸比，到现在可以独自完成任务，知道说"**我们是团队**"，还有任务到来时专注聆听任务的表情，超可爱的台湾腔"**哇，太酷了吧**"，Kimi还自带报幕功能："Kimi来了，大家欢迎他！"这些都让大家越来越喜欢这个小朋友。**原来他只是需要一点儿成长的时间，他真的很酷。**

温文儒雅也是有勇气的表现

　　起初很多观众，包括天天开始都以为Kimi是个女生。因为他留了一个可爱的娃娃头，长得又很秀气。说起这个，林志颖并不介意："还好吧，反正他一讲话别人也能知道他是男生，包括通过穿着。其实我小时候也常常被误认为是女生。"

　　Kimi并不娇气，在适应了新环境，并在爸爸林志颖的帮助下逐渐学

会独立之后，Kimi的表现实在是令人刮目相看。

随着节目的推进，Kimi的表现越来越勇敢。宁夏沙坡头的沙漠里，在石头和Angela用铲子挖坑时，他绕圈一气瞎跑，一不小心摔了个跟头，把爸爸林志颖都给逗笑了！林志颖不仅让他自己起来，还一边做着可爱的动作一边说："来，左拍拍，右拍拍。"让Kimi把身上粘到的沙子给拍掉。Kimi像个小男子汉一般，自己拍了拍，又笑了。

Kimi变得越来越大胆、外向，连林志颖都说："他现在已经完全不受控了！"此后，慢热的Kimi也逐渐展现出类似老爸的那份开朗和热情，开始和小伙伴们打成一片，即便是一个人出去完成任务也毫不困难了。

东北冰天雪地，爸爸们正全神贯注地堆雪人，Kimi跟其他小朋友一样，只身前往村子里寻找堆雪人的材料。

Kimi在天天爸爸的提醒下，去找一根树枝当宝剑。他看到前面不远处的房屋前有一位当地的阿姨，便大方地走过去问："有没有树枝？"因为发音不太标准，他担心阿姨听不懂，便又小心地念了一次。好心的阿姨见到这么可爱的小孩子，哪有不出手帮忙的理由呢？最后阿姨给了Kimi一根超酷的木棍。

要到了木棍，可以回去找爸爸会合了！可是走了太远，Kimi找不到回去的路了。在节目最开始录制的时候，Kimi见到陌生的叔叔阿姨，一句话都不敢说，但是这一次，孤身一人的他为了找到爸爸，竟然走到一个东北小伙面前询问："你知道我爸爸在哪儿吗？"东北小伙问："你爸爸是谁呀？"Kimi天真地说："我爸爸在堆雪人。"东北小伙也真逗，说："哦，你爸爸是堆雪人的啊！不知道。"虽然东北小伙的逗乐出场没给Kimi什么有用的帮助，不过Kimi还是凭借自己的努力，找到了爸爸。

Kimi在执行任务要出发时，二话没说就独自出发，完成任务回归队

伍时，还敢于向路人求助，进步真的很大，他变得越来越独立、坚强、勇敢。

在林志颖看来，温文儒雅也是有勇气有担当的表现。"我觉得每一个小孩子都有不同的个性，勇气不一定要像爷们儿这样的勇气，温文儒雅也是有勇气的表现。我觉得每个小朋友都有自己的个性，所以不一定要设定说每个小孩要成为什么样子，最重要是建立他的自信心，要勇敢，能够自己独立。"

第一节：
完美爸爸很努力，
动手能力强！

　　林志颖，十八岁一炮而红，到现在，身兼职业赛车手、歌手、演员、企业家、摄影师等多重身份，他的兴趣特别广泛，而且无论是什么比赛，他总是能拿到冠军。怪不得小Kimi会那么崇拜他的爸比。

　　初到北京灵水村，Kimi跟石头分到一组完成任务，他们需要去找到指定的大锅，用作午饭的炊具。

　　Kimi刚到这儿来，不敢离开爸爸，石头便自己先去完成任务了。林志颖一想，也不能光让石头出力呀，况且石头手臂还有伤，既然儿子害怕，那就让我这个老爸来做点儿什么吧。

　　林志颖凭借着自己与生俱来的亲和力，跟一旁的老乡借来了一辆拖拉机。当时石头是带伤参加节目的，据说那只锅很大，石头一个人就算

找得到，也不可能搬得回来。林志颖就打算用拖拉机把大锅给载回来。

拖拉机突突的声音吸引了石头的注意，他如得救星一般从屋子里冲了出来，大喊："锅在这儿呢！"然后林志颖很义气地独自搬起笨重的大锅，他可不忍心让已经伤了胳膊的石头再受伤了。

回去的时候，林志颖向老乡征得同意，自己来驾驶拖拉机。平日里常常跟赛车打交道，没想到这回竟然开起了拖拉机，只不过两分钟的工夫就学会了。林志颖驾驶着拖拉机，跟开赛车没什么两样，一旁的Kimi露出钦佩的目光：我爸比可真厉害！同时目光里更有着一份自豪和幸福，因为，这是我的爸比呀！

林志颖的动手操作能力真的很出色。在湖南平江的农村，大家卷起裤腿走入田地，他们要在这绿油油的水田里展开一场捉泥鳅大赛！

可谁知道，林志颖正捉得兴奋，田雨橙的脚一碰，桶翻了，泥鳅趁机仓皇逃跑，一条都不剩。

林志颖输了比赛，按照规则，要接受惩罚。惩罚的项目就是，要牵着老牛犁田。林志颖从来没干过，可经过农夫稍加辅导，他很快就上手了，犁田有模有样，真的跟超人一样，无所不能。

　　后来在牡丹江雪乡，孩子们负责找堆雪人的材料，爸爸们则集中在一起堆雪人。Kimi在村子里兜兜转转，努力寻找材料，因为年纪太小，行进的速度比较慢，林志颖几乎全程都在孤军奋战，去摘树枝的时候，整个人都跌进了雪里……可最后，他堆的"老虎"拿到了第二名！

　　Kimi总是以爸比为傲，看来不是没有道理的。**林志颖用自己的行动告诉Kimi，只要认真、努力，没有什么事是攻克不了的。**

犁田的样子有模有样，真的跟超人一样

第二节：
爸比为你撑起童话的城堡

"心有猛虎，细嗅蔷薇。"这句话放到Kimi父子身上，恰到好处。

很多人无比羡慕Kimi，他拥有竭尽全力为他支撑起一个童话世界的爸比。**最好的成熟，是深谙世故而不世故**。林志颖经历过大风大浪，熟悉人情世故，但在他们去沙漠前买食物的时候，他只是不停地重复"便宜一点儿啦老板"，而没做过多的解释或说各种理由打动老板。

在宁夏沙坡头，孩子们被分成几组，保护自己的鸡蛋，不被别人打破。林志颖成了一个"邪恶"的破坏者。他假装坏人打破鸡蛋时，当着孩子的面，既没推卸给桌子，也没推卸给小朋友，而是说自己不小心打碎的，由自己承担孩子眼中的莫大"罪责"。

活在这个世界上，一个人不可能不接触现实、认识现实，但作为孩子的父母，谁不希望创造最好的条件让孩子永远无须到残酷中翻腾？当然，没有人能做到。所以，很多父母无意识地让自己的孩子过早地接触、感受现实，所谓"穷人家的孩子早当家""年幼经历挫折多的孩子成长得快"大概就是许多父母心中的想法。

林志颖却没有成为随大流的一员，他觉得，**在孩子小的时候，就应该给他一个童话般的童年，不要急功近利地要求孩子"快点儿长大""早点儿懂事"**。当被问及有关纯爷们儿的问题时，他不轻易被外界的观念和言论影响，坚持**"希望Kimi是一个儒雅温柔的男子汉"**。

这对父子的心中永远存在着一个童话，不管这个世界多现实多残酷，他们的灵魂里都有一片净土。

爸比为你撑起童话的城堡

在Kimi身上，看不见现实束缚的痕迹，看不见礼节教育的条条框框。仅看节目中的他，的确不常对人说礼貌用语，生涩地和陌生人说话，表达要求时不太会先说"叔叔阿姨好"，得到帮助后没有主动说"谢谢"。一开始，这的确会让人怀疑：为什么连基本的礼貌都不懂？后来，当他眨巴着星星眼说"我最喜欢石头哥哥，因为他懂得分享"；当他在话都说不太清楚的时候，能跑去对张亮说"我特别喜欢你"；当他拿了两个鸡蛋兴冲冲跑回家给爸比时，没有忘记这是"爷爷给的鸡蛋"，人们终于明白，别人对自己的好，Kimi都记在心里，虽然还不会说一句"谢谢"，但他心里已懂得感恩。

第三节：
正能量"奶爸"&小小志

与心爱的"小黄"说再见

最受关注的林志颖和Kimi父子遇到的第一个难题就是要与心爱的"小黄"说再见，Kimi撇着小嘴奶声奶气地说"不要，不要"，一边眼泪打转一边哀求爸爸，这样的小可怜任谁看了都会心疼不已。

林志颖是如何应对的呢？他耐心地蹲下身子，拍拍Kimi的背，轻声安抚他："可是小黄不能去呀，小黄不可以去呀，我们过几天就把小黄带回家，比赛完以后我们就把小黄带回家。好不好，我们要乖乖的。"在爸爸的劝说下，Kimi默许了。然后林志颖又说："那我们一起把小黄放进去。"说着，便陪着Kimi一起走上前去。

没有妈妈的陪伴，心爱的玩具就成了孩子们最好的安慰剂，现在连这个心灵安慰剂都要被拿走，可想而知孩子的心该有多么难舍。

　　此时林志颖用了很好的处理方式。第一,鼓励孩子与其他人沟通:"你去问问编导叔叔可以带吗?"这不仅缓和了孩子的情绪,而且暗暗表达出"我说了不算"的事实,避免孩子提出变相的要求。第二,蹲下来,抱住孩子沟通。看似一蹲一抱这样简单的动作,却显示出父亲完全接纳了孩子的情绪。第三,给孩子明确答复,同时给出解决方案——"不可以带哦""等比赛结束后,我们再带小黄回家"。第四,陪孩子完成整个过程,也是对孩子情绪的一种安抚:"我们一起把它放进去吧!"

　　通过**缓和、接纳情绪、表明立场并给予解决办法到完成陪伴四个步骤**,小小志很快摆脱了对"小黄"的依恋,在节目过程中甚至没过多提及小黄,因为他的情绪得到了很好的纾解,也明确知道小黄在哪里、何时再相聚。

　　林志颖用比较积极正面的方式,让Kimi获得安心,从而停止哭闹,这种方法,想必比一味地遏制孩子的眼泪要高明不少。

搞定处女座小朋友

　　在北京灵水村抽签决定宿舍的环节中,Kimi不幸抽到了环境最差的一间宿舍——蜘蛛房。"基本上我怀疑是故意让我抽到的,因为是让他去抽的,反正他也不懂,他肯定是抽最上面的啊。"林志颖露出招牌笑容开玩笑说道,一旁的Kimi一脸懵懂地玩着手上的小黄。

　　在网友讨论中,林志颖被誉为最会和孩子沟通的明星爸爸,因为哪怕是抽到了最差的一间,林志颖也能轻松转移儿子的注意力。

　　刚开始Kimi对蜘蛛房产生了抗拒,这时候林志颖没有着急地去劝说Kimi,而是反问他:"你不要这个房子,那每个房子都长得一样,怎么办？"他把问题抛给Kimi，让他自己做决定。看着陷入沉思的儿子，林志颖试探性地指着天天说："那你跟他换好不好？"Kimi想了想，觉得天天的房子也不好。

就这样，林志颖轻松搞定了选房问题。"一开始我会担心他上厕所怎么办，看到这种厕所不知道该怎么上，刚好，他就站在木板上面。我告诉他说这是站高高厕所，他反而觉得很好玩。"林志颖这招声东击西真管用，小Kimi除了有点儿想妈妈，在这个环节中并没有出现其他不适应环境的情况，这也让林志颖舒了一口气。

"其实小孩子就是想要好玩、有趣，你用这样的方式引导他，让他知道这是好玩、有趣的。他之前去参观五座房子，其中三号的环境是最糟糕的。或许他也知道，这个环境不是太好。可是只能变相地去跟他说，三比一大、比二大，三是很好的数字啊。"

Kimi是一个爱干净、追求完美的处女座小朋友，看见家里的桌子脏，他会露出特别夸张的嫌弃的表情，嘴里还会一直发出"啧啧啧"的声音。抽到"最烂宿舍"，的确让老爸林志颖有些为难。

不过，这位淡定的老爸先找来报纸，用饭粒糊好窗户，可以挡蚊子，并一直和Kimi说："三号房超酷的，超大！"来给孩子建立信心，"睡觉也就那张床，你只要把床打理好，你睡哪里其实都是一样的。"

在牡丹江雪乡，曾在节目中住过豪宅的Kimi又要住简陋的房子磨炼一下意志了。

一声令下，五个爸爸分头行动，拉着雪橇上的孩子，奔向他们心仪的房子。

林志颖最终带着Kimi抵达了最破的五号房。走进房间，面对陈旧的家具、简陋的住宿条件，林志颖倒是很自如地坐在了床上，Kimi却立马露出了不悦的神色。他说："我不想要住这间！"林志颖问："为什么？"Kimi说："这间一点儿都不酷，我想要住四号房！"Kimi展开了漫长的碎碎念⋯⋯

　　林志颖先是明确地告诉他，他们已经失去资格了，同时开始给Kimi喂饭，以图分散他的注意力。见这两招都没用，林志颖便开始跟Kimi分析这间房的优点："爸比觉得五号房很温馨，要住一下不同的感觉啊⋯⋯"Kimi说："那我就会很难过了。"林志颖见前面的招数通通没用，便使出必杀技："你喜欢跟爸比在一起，还是想自己去住四号房？"Kimi想了想："我想要跟爸比住。"果然在Kimi心里还是爸比最重要。林志颖见儿子这么通情达理，便与他击掌庆祝。

　　林志颖育儿的秘诀便是"沟通"，小孩子并不是不能讲道理，坚信这一点的林志颖在沟通上下足了功夫，碰到孩子哭闹，他从不气恼，总是变着花样地与Kimi沟通，用温柔的方式解开Kimi的心结。事实证明林志颖的秘诀很有智慧，跟Kimi说通了之后，Kimi没有再埋怨房间不够好。在林志颖的努力下，一贯对生活环境要求较高的Kimi，在破陋的房间里也能享受到乐趣了。

　　嫌弃环境，其实是一种负能量滋生的表现，林志颖用他微笑一般阳光明媚的语言，鼓励着孩子**看淡环境的好与坏，尽情地发现生活中的美好细节**。

培养Kimi的自制力

　　在宁夏沙坡头沙漠中，节目组为小Kimi庆生。大家花样尽出，表演各种节目逗他开心，可Kimi却一直沉浸在他的奥特蛋之梦里："我的礼物，怎么没有生日礼物。我要，我要奥特曼的蛋。"Kimi没有得到梦寐以求的生日礼物奥特蛋，情绪有些低落。

　　开完生日会，大家熄灭篝火，准备返回营地休息了。漆黑的夜路

奥特曼的蛋！！！

上，打着手电筒慢慢往营地走去的林志颖父子俩交谈起来。

Kimi执拗地问爸爸："为什么没有奥特曼的蛋？"林志颖想了想，打算先安抚他的情绪："有，好像村长说，他会把奥特曼的蛋寄到北京。好不好？""好。"Kimi乖乖地回答。说着，林志颖拿着手中的荧光棒和Kimi打闹起来："嘿，我是沙漠武士！"Kimi也开始积极地为自己"封号"，比画着说："我是吉他武士！"

学前的孩子，当他很想要什么东西的时候，他很难自己打消这个渴望。这时候林志颖对Kimi表示了理解，让孩子觉得自己的难过是得到了大人的重视的，并且林志颖还接纳他想要奥特蛋的请求，与此同时，他用一种好玩的方式让孩子的注意力得到转移，让Kimi觉得吉他也不错，我可以变成吉他武士了。

"其实是我的问题，我在一个月前，就问他，你生日最想要什么礼物。他说我最想要奥特蛋。我说好，爸比当天一定给你奥特蛋。所以他就心里一直挂念着这个事情。"虽然Kimi没有在生日当天得到心爱的奥特蛋，但是林志颖在事后积极弥补，兑现了自己的诺言。这既安抚了小宝贝当时的情绪，又及时履行了自己的诺言，父子间的信任感增强，孩子会更相信父母的话。

林志颖的方法培养了孩子延迟满足的能力，这对自制力的培养非常重要。很多家长都有过这种经历，孩子说我要什么我要什么、我当下就要，碰到这种情况，就可以学学小志锻炼一下宝贝的自制力噢。

陪伴是最好的礼物

在小Kimi还是个婴儿的时候，林志颖就荣获了"奶爸"的光荣称号。无论是换尿布、洗澡，还是把屎都不在话下。

这可能是很多父亲不愿意去做的，可能很多人也想不到，作为明星偶像的林志颖会心甘情愿地做这些。林志颖觉得，自己既然是个父亲，就必须经历这个过程。他甚至在半夜两三点起来泡奶，每天醒着的时候

惦记着孩子，睡着了还挂念着孩子，真是个细心的老爸。

小Kimi渐渐长大，可由于林志颖工作繁忙，也忽略和错失了一些弥足珍贵的时刻。林志颖特别遗憾的是，Kimi第一次会爬，甚至第一次叫爸爸，他都不在儿子的身边。儿子的信息，他往往都是在手机上面看到的。

为什么自己的儿子会爬了、会说话了，我却只能通过别人告诉我呢？林志颖每次这样想，就会觉得难过。所以2012年那阵子，他几乎一整年都不接戏，放下手边的工作，专心陪Kimi。

等到2013年年初，儿子上了幼儿园，他才开始出来工作。

这一年的相处，让林志颖体会到当爸爸的所有乐趣和烦恼。儿子看到他换上新西装，会说："爸比，你好帅啊！"林志颖收拾行李时，儿子会拉着他不让走："这样我就没有爸爸了。"这些细节让林志颖的心中泛起暖流。

牡丹江雪乡的夜晚，灯光熄灭，林志颖跟小Kimi躺在被窝里，一起唱起那首《十七岁的雨季》。那是父子俩的主题曲，他们一定是一起唱了许多遍，Kimi才会把每一个音节都记得那么清晰吧？不管是白天，还是临睡前，林志颖始终没有忘记给予Kimi陪伴。幼小的孩子很缺乏安全感，他们哭闹、不听话，可能都是因为缺乏安全感而感到恐慌。**父母能更多地给予孩子陪伴，比什么都强。在爱与关怀里长大的孩子，不会怯弱，因为心里满满的都是温暖而变得勇敢、坚强。**

　　当然，父子俩之间不全是这样的煽情故事，"小小志"就曾嫌弃林志颖当年的舞蹈，然后反过来教爸爸跳自己新学的街舞。林志颖还很认真地跟着学，回想起来，真是超搞笑的。

　　在林志颖的呵护和鼓励之下，Kimi成长中的每一步都让人备感踏实和温暖。**成长本就是一件不必急于求成的事情。能够让孩子有一个快乐的童年，何尝不是最好的礼物？**

最令爸比骄傲的黑米哥哥：

　　爸比还是给你写这封信，这样等你长大了，就可以来看看你小时候，有多么令爸比骄傲。我跟你说我们要一起参加一个完成任务的游戏比赛，你愉快地就跟爸比来录这个节目了。以前我不知道，你可以住破烂的蜘蛛房，还能让蜘蛛成为你的玩具；你可以从那么高的阶梯摔下来，也不哭，摸摸头说自己好好笑；你可以在爸比突然不见之后，乖乖地跟在哥哥后面去执行任务，知道结束了爸比就会出现了。原来你会那么多的事。

　　爸比知道这次旅行让你伤心了很多次，陌生的环境，还不可以有爸比，但是我很骄傲，即使你只有本能的对这个世界的反应，你都仍然成长了。爸比知道在你心里爸比很重要，请你相信在我心里你更加重要。你以爸比为英雄，爸比为了你会做一辈子的英雄。

　　　　　　　　　　　　　　　　　　　　爱Kimi的Kimi爸比

黑米哥哥!!!

3

第三章

田亮&田雨橙

超元气父女战斗中!

——五岁Cindy 乐于助人第一名

森碟。你的爸爸总是这样叫你。当然他也叫你，风一般的女子。

现在全世界都把这当作你的昵称，亲切热闹地呼喊你的名字。

你是个爱哭鬼，也是个女汉子；你的哭声让爸爸手足无措，你的勇气让爸爸骄傲不已。

长大是个漫长的过程，慢慢来，不着急。

大家说，你是风一样的"女汉子"。爸爸说，你是我心中的未来之星！

第一部分

五岁Cindy 乐于助人第一名

第一节：
元气少女 谁与争锋！

爱哭鬼响彻宇宙

田雨橙的身段特别柔软。节目组去田家接他们录像的时候，田雨橙还在睡梦当中。被吵醒之后，她便开始展现她的“软骨功”，整个身子黏在爸爸身上，眼睛困倦地闭着，完全不愿意睁开，可即便是闭着眼，依旧能凭借着本能往爸爸身上黏，俨然一只贪睡的小考拉。

好不容易，五队人马会集在一起。大家伙儿坐在小巴上，田雨橙全然不像刚起床时那样慵懒，迎着阳光变得无比兴奋，冲着摄像师大叔一个劲儿地卖萌搞怪。几个小时的车程过去，大家在北京灵水村下了车。代理村长李锐号召大家把自己的零食玩具放到收纳盒里，一旁的小朋友还不明白节目的规则，哭闹不止，田雨橙已经乖乖地把自己的东西都放

好戏在后头！

了进去。

如果你以为田雨橙会是最配合这个节目的小朋友，那就大错特错了。田亮拉着田雨橙走在石板路上，田雨橙疑惑地问："**为什么农村是这样的呀？**"这个问题，田雨橙已经问了不下90遍，可田亮还是耐心地一遍又一遍地解释着。接着，是田雨橙看完要住的房子之后的不适应，说："我不要住这个房子！"

然后，逆转的一幕出现了，原本挺闹腾挺欢乐的田雨橙，哭得小脸通红。这下子，田亮完全无措，因为无论他说什么做什么，女儿都没能停止嗷嗷大哭。没办法，田亮只能抱着田雨橙，像大多数家长那样说："你看人家都不哭，你怎么哭啊。"其实，田亮在参加节目之前就给田雨橙打好了预防针，可没想到女儿还是特别不适应新环境，对周围的一切感到害怕。这种害怕和不适应也让田雨橙变成了"哭神"。

田亮在参加节目之前，对自己感到非常乐观。他觉得："小孩儿嘛，不就是吃饭、睡觉、玩儿吗。"可是当他真的来了以后，才发现搞不定，那一刻田亮有了想要放弃的念头，小孩儿真是太难照顾了。田雨橙的脾气很急，哭的时候基本听不见别人说话。

说句老实话，田亮也想过用严厉的方式来对待田雨橙。在家里，老婆叶一茜专门购买了几个大手掌（俗称"爱的小手"）。"这个东西的材质很软，打到手上声音很小，也不是特别疼，主要是用来吓唬田雨橙。虽然不经常使用，但还是很有威力。"

田亮觉得自己太宠爱女儿了。他也想过严格一点儿，可每一次他自己内心都像是有两个人在打斗，到头来还是放弃了，好好哄着得啦。田亮坦言，自己最后的一点儿脾气都被宠爱给压下去了。

风一般的女子初长成

北京灵水村的阳光特别明媚，代理村长李锐宣布完接下来的任务之后，三个小朋友正式出发了。

田雨橙拎着菜篮子，看着自己的脚尖，跟在天天和王诗龄身边不情愿地迈着步子，也许是还沉浸在方才的悲伤和害怕中。

在当地一户人家，王诗龄率先发现屋里的小妹妹，她连忙招呼田雨橙去看。田雨橙对小孩子充满了好奇心，进门一见到那个小妹妹，悲伤的情绪很快就被赶走了。

那是田雨橙在节目正式开始后，第一次露出灿烂的笑容。她走到小妹妹面前，跟小妹妹握了握手，然后害羞地跑到王诗龄身后，展现出她过人的力气，抱起王诗龄往前走。

田雨橙终于进入状态，迈出了第一步，问大姐姐要了两个西红柿。之后还在门口跟大姐姐聊了起来，彻底忘记刚才哭得有多厉害。

这次的经历，仿佛打开了田雨橙的开关，她开始像个能量小萝莉一样勤奋起来，激动地拎起菜篮准备离开。原本慢慢挪动的田雨橙，在山路上如风一般地奔跑起来，呼哧呼哧地换着气，这也忙坏了摄像叔叔。摄像叔叔扛着沉重的机器跟着她跑了半天，田雨橙终于停下脚步兴奋地说："找到了很大的茄子。"风一般的女子脱离了悲伤的气氛之后，执行起任务来，行动力一级棒！

三个小朋友在村子里走了两小时，天天和一开始精神头很足的王诗龄都有些疲乏，可田雨橙倒是充满了活力，见王诗龄累到连话都无力讲，就打了声招呼："妹妹，我和哥哥去拿菜，等我们回来，一起去找

田雨橙进入状态
一级棒！

爸爸好吗？"便跟天天跑去找村民要菜了。

　　已经有些乏了的天天，在风一样的女子田雨橙的感染下，奔跑起来，能量满格。这一次他们挺顺利，空空的菜篮子瞬间被填得满满当当。田雨橙拎着重量与她的身高、年龄不匹配的篮子，"哈"的一声，奋力地往上提了提，抱着篮子继续走。要到鱼之后，她一人提着两个篮子，一篮子菜、一篮子鱼。她说："我的力气可大了！"然后像个女英雄一样站在门槛上，那一瞬间，收获无数人的芳心！

　　终于，他们收集完食材，田雨橙兴冲冲地回去找爸爸，自豪地汇报自己的成绩。其实在最开始的时候，田亮不放心田雨橙，悄悄地跟在后面走了一会儿，等他觉得女儿状态变好了，没问题了，才悄悄回去。

　　面对跑回来报喜的女儿，田亮无比自豪。令他感到特别欣慰的一点就是，离开自己独立完成任务的女儿，竟然能变得这么强大！

　　田雨橙的人生就是奔跑！在云南普者黑卖完菜，凑到路费回城，大家去追车的时候，田亮几乎赶不上田雨橙的速度。摄像大叔慌慌张张地

把镜头远远一挥，才捕捉到狂奔了好远的田雨橙。

其实，田雨橙并不是个爱哭鬼，在生活中，她非常热爱运动，尤其是跑步。在幼儿园的跑步比赛中，田雨橙勇夺第一名，不仅自己拿奖，还鼓励别的小朋友一起跑步。在节目中，她也将自己的跑步才能展示过许多次，有时跟羊赛跑，有时拉着天天他们赛跑。总之，对田雨橙来说，能跑就绝对不走。奔跑中的田雨橙，活力无极限。

第二节：
你给我力量，也把我融化

和爸爸一样充满能量

被开启能量开关的田雨橙，在之后的节目中，一发不可收拾起来。她的勇气、过人的体力以及善良的内心，全都让人印象深刻。

宁夏沙坡头，放眼望去，这世界只有两种颜色——土黄色和青色。起起伏伏的山丘上，五位爸爸一手拉着滑沙车，一手牵着闹腾的小宝贝往高处走去。今天的节目特别刺激，大家要坐在滑沙车上，从沙丘的顶端飞驰而下。

田雨橙和她的爸爸田亮是第一个勇敢滑下来的。田爸爸兴奋地欢呼着，Cindy则被爸爸紧紧地保护着，父女俩在速滑的过程中开心至极。而这只是小试牛刀，真正的比赛即将开始。田雨橙的对手是石头，大家纷纷预测，有的看好田雨橙会赢，有的则看好郭涛父子。

运动健将田亮总是能在竞技中体现出自己的优势。出发时，大家给他们助力，滑沙车徐徐开始加速。田亮带领着笑个不停的女儿刺溜一下

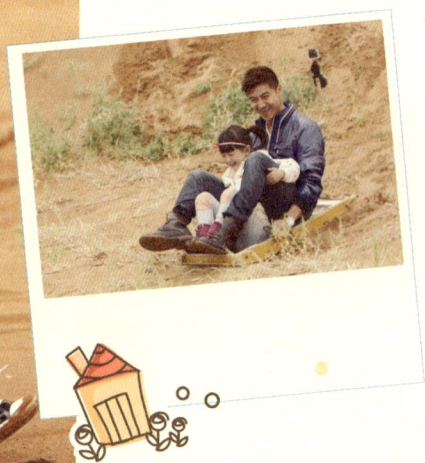

就到达了终点。

　　抬头看见卡在半道上的石头正用双腿往下挪动的样子，可把田雨橙给逗得不行，她的笑声像是通上了电源，不知疲倦地传遍沙漠的每一个角落。田亮则在一旁抹汗：糟糕，我女儿玩疯了……

　　连着赢了两轮的田亮父女，在五人滑沙赛中，一脸轻松得意，以为这次他们又会得冠军，毫无悬念，可没想到速度虽然挺快，但到达终点的时候，父女双双跌了出去，田雨橙啃了一嘴黄沙，急得直跳脚。田亮心里"咯噔"一下，特别紧张，不知道女儿有没有受伤。

　　田亮抱着田雨橙走到一旁，一边用纸巾给她擦拭，一边转移她的注意力，问她为什么会翻了，田雨橙突然指着远处还站在沙丘上面的王诗龄哈哈大笑起来："妹妹还在那儿，哈哈哈哈……"田雨橙真的进步很多了，摔倒了也不哭，在大家都捏了一把汗的时候，竟然还能笑起来，田亮在心里长长地吁了一口气。

　　田亮刚准备给田雨橙把嘴巴擦干净，她就已经迫不及待地冲出去继续玩了！摄像大哥问田亮："亮哥还没女儿跑得快吧？"田亮面上无奈，内心喜悦地说："**哎，这就叫什么，长江后浪推前浪啊，我就在这个沙滩上了。**"然后他又补了一句："**被我女儿给拍的。**"周围的工作人员全都笑了。

爸爸，我告诉你一个秘密吧

　　成长之后，感动仍在继续。

　　依然是在北京的灵水村。夜晚，田亮紧紧地牵着田雨橙的手往他们

的住所走去。

回到了住所，田亮一边忙着冲奶粉，一边告诉田雨橙："你是爸爸的孩子嘛，所以小的时候，你的习惯（跟爸爸小时候一样），爸爸小的时候也是这样。"

坐在床上的田雨橙从"能量小萝莉"化身"抠脚大汉"，边抠脚边问道："爸爸你小时候也喜欢抠脚吧？"一旁的田亮被逗乐了："爸爸可没你这个坏习惯。"田雨橙又问："爸爸你小时候喜欢干什么？"田亮想了想，答道："爸爸小时候啊……反正不喜欢抠脚。"田雨橙听了，也跟着开心地笑了。

父女俩的对话，温馨又可爱。

夜已经深了，屋外听不见喧闹的欢笑声，只有点点蝉鸣，衬托着这个夜晚的静寂。屋里暖黄的灯光给眼前的一切涂抹上一层暖意，细小的蚊虫飞过，像是星辰在舞蹈。

田雨橙看着天花板，突然神秘地小声说："爸爸，我跟你说我的秘密吧……这个秘密是……祝——爸——爸——生——日——快——乐——"

田亮再一次润湿眼眶，尽管知道是有人提醒过女儿今天是他的生日，可他还是很感动、很珍惜。经历了这不知所措的一天，突然有了女儿暖心窝的祝福，他的心欣慰地醉了。那一刻，他觉得把全世界给女儿都是值得的。

　　在后来田亮写给女儿的话中，有一段这样记录道："森碟，爸爸也和你说个秘密。**你那句'爸爸，生日快乐'，爸爸会记得一辈子。**"

第三节：
女汉子也很善良

贴心的小姑娘

　　你可能知道田雨橙是一个力气大、爱运动、热衷于冒险的女汉子，可你却不能忽视这个心思细腻的女孩拥有的那颗善良动人的心。

　　节目刚开始的时候，石头郭子睿是带伤上阵的，他的胳膊摔坏了，一直绑着绷带录节目。那一回在宁夏沙坡头，几个小朋友结伴去当地人家里找食材。石头手中的篮子并不结实，装满了瓜果之后，走了一小会儿就坏了，里头的瓜果滚了出来。

　　走在前面的田雨橙听见身后的动静，连忙折了回去，见石头准备捡起地上的食物，她连忙接过篮子说："哎呀，我怕你这只手啊。让我来！你提得太多了。"她一直记挂着石头哥哥胳膊有伤不方便，所以当下她二话不说就抱起沉重的篮子往前走去。

　　没多会儿，王诗龄也提不动篮子了，她帮完了这头又去帮那头，这助人为乐的贴心举动也感染了王诗龄，以至于王诗龄决定，要靠自己把食物拿回去！

一定要好好保护起来！

她真的很有担当，也从来不愿意辛苦人家。大人们都跟她说，你把篮子给天天哥哥背吧，可她却坚持自己背。**田雨橙小朋友，真想对你说一句：这才是真的可爱，这才是最质朴的善良。**

对于别人的事，她总是很上心，尤其是可爱的小动物。

在宁夏沙坡头，为了考验孩子们的责任心，大人们做了一个小测试，把孩子们分成几组，带进孵化室，让他们照看好属于自己的鸡蛋，不可以让鸡蛋受到伤害。

林志颖走了进来，为了达到测试目的，他想方设法接近并打碎鸡蛋，以此来看看孩子们的反应。最后，林志颖成功地打破了鸡蛋。原本以为女汉子田雨橙是个坚强的小朋友，没想到很久没哭的她，为了那只消逝的小生命，泪流成河。

谁说女汉子不能有一颗柔软的心呢？田雨橙就是这样。她看上去像男孩子一样活力四射，可内心却是一个细腻的女孩子，别提有多柔软了。除了对小鸡的生命特别珍惜，在看到朋友遇到麻烦时，她也总是极力帮忙，对待比自己弱小的人，就更是爱心满满。

后来在湖南平江，她又跟石头分在一组执行任务，这一次他们的任务可真艰巨，因为要照顾一个一岁大的小baby！本身就还是孩子的他们，要学着独立照顾比他们更小的小孩，这无疑是一次巨大的挑战。

下午的天空一片澄澈，田雨橙和石头提议，带小baby皮皮去外面遛遛。皮皮有些怕生，面对这两个有点儿不靠谱的"临时保姆"，他一开始还不哭不闹，可后来，皮皮本能地拉"臭臭"了。田雨橙没有着急找人来帮忙，而是试图抱起皮皮去换尿不湿。后来，皮皮的妈妈来帮忙了，她把孩子抱回屋里，让孩子趴在床上，田雨橙就学着阿姨的样子，给皮皮擦干净"臭臭"，换尿布成功！

没想到平时像男孩子那样活蹦乱跳的田雨橙，竟然在照顾孩子这样的细致工作上，表现得如此稳重、出色，小大人的气质完美呈现。心里给森碟点一百个赞！

小心翼翼！
爱心满满！

表现还不错吧！！！

时刻惦记着身边的亲人和伙伴

刚来剧组的时候，田雨橙有些内向，不善于与人交流，其实只是有些慢热罢了，到了后来，她对剧组每个人的感情都变得特别深。

那一次在湖南平江，爸爸们变装成不同的角色，来考验自己的孩子能否认出他们。田亮化装成留着胡子的警察叔叔，坐着警车，停在了田雨橙家门口。他拿出一张犯罪嫌疑人的照片，问她认不认识这个人。那张照片上的人，正是平时录节目时负责打板的叔叔。

田雨橙看了一眼说："我也不知道。"田亮进一步说明，他们已经怀疑，犯罪嫌疑人就是那个打板的叔叔，田雨橙连忙解释道："我们这里都是好人。"

　　她在心里是非常相信他人的，这份单纯的善良，弥足珍贵。这个环节的目的在于测试孩子们面对陌生人和突发事件时的表现。善良的田雨橙选择了保护自己亲近的人，可见她心里有多么在乎朝夕相处的剧组的叔叔阿姨们。

　　田雨橙对身边人的挂念和关爱，在平时就早有体现。叶一茜说，她以前对田雨橙的要求特别严格，甚至不许她吃糖和巧克力。有一次洗衣服的时候，叶一茜在田雨橙的口袋里发现一块融化的巧克力。

　　"你怎么吃巧克力?" 有点儿生气的叶一茜开始向女儿发难。"妈妈，这是学校小朋友拿巧克力分享的，我分得一块，吃了一半，剩下的

这一半，我想拿回来给妈妈吃。"

得到女儿的解释，叶一茜的内心像是被什么东西重重地敲击了一下。为什么自己要那么冲动，不问清楚真相，不先了解女儿的善意，就加以指责呢？

田雨橙关心朋友、关心一起做节目的叔叔阿姨，更关心自己的爸爸妈妈还有亲人们。她并没有表面看上去那么粗线条，她的心里，始终记挂着身边陪伴着她的所有人。

女超人要罩着小伙伴才对

还是北京灵水村，孩子们去收集食材时，田雨橙自豪地举着满当当的菜篮子说："我是大英雄！"天天在后面补了一句："你是女超人！"让天天能心服口服地夸一句"超人"，这可真是不容易的。

正如天天所说的那样，可能在其他四位小朋友心里，田雨橙真的是女超人一般的存在。有她在的地方，小伙伴们就会受到她的许多"恩赐"，她的心里仿佛装得下整个世界，她乐于照顾自己的朋友，心中充满了善意。

在云南普者黑，田亮需要跟爸爸们竞争，划船去取得湖中心挂着的食物，而他不小心掉进了水里。当时田雨橙并不慌张，还特别兴奋地喊了一句："**我爸爸掉水里了!**"因为她知道爸爸的水性是特别好的，不会出危险。

接下来，大家伙儿一起去了山东威海的鸡鸣岛，为了能吃晚餐，爸爸们挥起了钓竿，开始钓鱼。这一次来海边钓鱼，田雨橙却显得很紧张，她担心爸爸又会像上次那样落水，赶紧嘱咐道："**别让我爸爸掉下去啊! 这回掉下去可不行啊!**"从这件事可以看出来，田雨橙很懂得分清楚状况：上回在波澜不惊的湖水里，熟悉水性的爸爸不会有危险，但这一次是在浪花激荡的海边，这意味着危险，所以她立马变得比任何人都紧张起来。

又是一天醒来，在王诗龄的催促中，贪睡的田亮开始给田雨橙扎辫子。今天是田亮独自照顾五个小宝贝的日子，一个小孩就够受了，一下子来五个……这次的考验让田亮心里特别没底，他不确定自己能不能照顾好这么多孩子。

田雨橙深知爸爸的担心，于是特别有主人翁意识地帮助爸爸照顾起其他小朋友来。

中午，爸爸露了一小手，给大家煮饺子吃。田雨橙细心地把饺子端到Kimi面前，招呼他趁热吃；当然啦，她更不会怠慢好姐妹王诗龄，因为担心王诗龄被饺子烫到，还鼓起腮帮替她把饺子吹凉一点儿。

孩子是父母的一面镜子，从父母身上会受到潜移默化的影响；而父母也可以从孩子身上看到自己的影子。田雨橙这么会照顾人，想必是

受到爸爸妈妈的正面影响吧。

田雨橙同样见不得自己的同伴掉队。去接天天的时候，便是如此。

还是在山东威海鸡鸣岛，天天和爸爸住在遥远的海景房，大家伙儿一起去接天天执行任务。天天虽然号称"纯爷们儿"，可走山路的技术倒是不怎么样。田雨橙活蹦乱跳地随着爸爸在前面走着，扭头一看，不见了天天的踪影。

她没有顾着自己往前走，而是折回去看了一眼，原来天天掉队了。爸爸满心谨慎地照顾着田雨橙，牵着她的手打算继续往前走，可是田雨橙却轻轻甩开爸爸的手，让爸爸先走，她要去接天天。爸爸还想说些什么，可田雨橙凭着超强的行动力早就消失得无影无踪。

田亮装作失落的样子说："不要老爸了，老爸是多余的。"然后又感叹道："有女孩子接男孩子的吗？！"田爸爸嘴上醋意满满，其实心里还是特别欣慰的。

田雨橙不仅仅天生神力，也不仅仅会满世界跑，她更是个善良的女孩、爱护朋友的女孩。

这样的女孩，你能不喜欢吗？

第四节：执着的女汉子

继承了父母坚强性格的田雨橙，在适应了节目组的新环境之后，展现出她坚强执着的一面。

当王诗龄因为疲惫而渴望休息，当Kimi因为害怕离开爸爸而企图放弃的时候，田雨橙总能展现出男子汉一般的坚韧姿态，认真地完成每一项任务。

大家伙儿赶赴第五个拍摄地点——湖南平江。在这里，小朋友们又要面临收集食材的任务。这个任务在北京灵水村就已经执行过，大家都不陌生，很顺利地上路了。

大家丝毫没有担忧，专心地往前走着。这时，后面传来一声惊呼。小朋友们回头一看，一向威力无穷的田雨橙竟然被泥潭给困住了。

一旁的大人见势不妙，连忙冲过去一把搂起了田雨橙。她告诉大家，自己踩进泥巴里了。在朋友们的帮助下，田雨橙脱掉了她的小红靴，这一脚，踩得田雨橙鞋子里全是泥，袜子都看不出本来的颜色了。

大家都说，先把袜子脱了吧，弄干净了再上路。田雨橙什么都没说，穿着裹满稀泥的袜子一脚蹬进了靴子，像个没事人似的继续上路了。她根本没在意鞋子脏不脏，完成任务才更重要，不是吗？

面对挑战，田雨橙的身上总透着一股强烈的拼搏精神，什么困难都不放在眼里。一遇到任务、比赛，她就特别兴奋。

在湖南平江，草坪上围起五个赛道，每个小朋友要挑选一只小猪，带着小猪来一场越野跑。天天的小猪大概是想睡觉了，死活赖在那里不肯挪窝；Kimi的小猪太不乖，眼见着就要输掉比赛、拿不到冠军的Kimi哭了起来；到了田雨橙这边，爸爸好几次提出要陪她一起跑，可执拗的田雨橙才不需要爸爸的保护呢，女汉子嘛，跑个步实在是太简单了。

在她的面前，设置着各种困难的障碍，可是田雨橙丝毫没有放在眼里，该爬的爬，该迈的迈，很快就跑到了前列。虽然最终只拿到第四名，但名次不重要，**能像风一样奔跑，就是特别开心的事。**

第五节：
女汉子也有少女心

在宁夏沙坡头，田爸爸问田雨橙觉得五个爸爸哪个帅，田雨橙一开始还说最喜欢Kimi爸爸，后来当人们再次问起这个问题的时候，她却改口说张亮比较帅。

在山东威海鸡鸣岛，小朋友们要选举出一个代理爸爸，照顾他们五个人第二天的生活。有人问田雨橙打算选谁，田雨橙说："我要选张亮！"

在湖南平江，平时总是黏着爸爸的孩子们要交换彼此的爸爸，与一个陌生的"新爸爸"相处一整天，还得一起做饭才算完成任务。

别的小朋友表现得都挺不错的，即便是爸爸的小黏黏Kimi也在后来喜欢上了郭涛爸爸。可平时挺开朗的田雨橙，却没能与林志颖爸爸长时间相处融洽。

在开往平江的车上，田雨橙与林志颖相处得非常融洽，可达到目的地后，小朋友们跟着自己的临时爸爸分头行动了，田雨橙却止不住地哭了起来。林志颖也算是使尽了浑身解数，可田雨橙还是像被打回了原

我要选张亮！
我要选张亮！

我喜欢模特儿!!!

形，再现第一天的"哭神"神话，一边哭一边找爸爸。

她一个劲地找爸爸，田亮为了让她能完成好任务，尝试着躲她。完全无措的林志颖，望着这一幕，实在是不知道该怎样做才能让田雨橙止住哭泣。

到了傍晚，田雨橙的眼泪还是没能停住。既要让她止住哭泣，又不能破坏游戏规则，无奈之下，只好给她重新找一个爸爸。这一回，张亮成了她的爸爸。神奇的是，田雨橙竟然不哭不闹了。

新组合父女回到屋内，张亮在忙碌地收拾着东西，田雨橙鬼马精灵

地走到张亮身边，凑到他的耳边悄声说："你知道我为什么想跟你睡吗？"张亮被小姑娘直白的问题弄得有点儿哑口无言："为什么呀？"田雨橙接着说："因为我喜欢模特儿！"

好吧，与其说她是钟爱张亮，不如说她是钟爱自己喜欢的模特儿职业。这小丫头可真有恒心，长大以后可不得了，一定能努力地完成自己的志向。

第一节：
我是一个慈祥的爸爸

有时候也想生气，不过还是忍住了

节目开始录制的第一天，田雨橙算是最无法适应剧组环境的小朋友之一了。一来就躲在爸爸身后，田亮试着把女儿拉到身前来，可是田雨橙依然在闹别扭，不肯给大家看看她可爱的小脸。

到了中午，要开饭了，大家伙儿簇拥到食物前，看看有什么好吃的。跟大家的喜悦心情不同，此时的田雨橙开始疯狂地哭泣，一边哭一边嘶吼："我要回家！"除了这个以外，田雨橙还问了九十多次"为什么农村是这个样子"，田亮在回答完N次后，唯独最后一次实在是不想回答了，却被电视播了出来，现在想起来还挺冤的！

其实田亮有好几次都想用严厉的态度来制止田雨橙的无理取闹，可

我忍！我忍！
我忍忍忍！！！

想了想，还是忍住了。

在田亮看来，中国人普遍的教育方式太过严格。在他的印象中，父母对他的教育中有很多好的地方，但用在自己教育孩子上就必须进行改变。

小时候，父母对田亮的教育中充斥着"必须"，比如学画画，因为拥有这项特长是好的，所以你必须学。田亮觉得："**我承认大人脑袋里装的东西正确的比较多，但我们应该鼓励孩子勇敢地表达自己的想法。**"因此，在田亮教育孩子的字典里，倾听孩子的声音是件非常重要的事情："**做父母应该放下父母的身份，不打断孩子的思维，仔细倾听孩子的想法。**"这是田亮对自己父母传承下来的教育理念的修改。

经过《爸爸去哪儿》，田亮明白教育孩子最重要、最关键的要素之一便是：时间。

不管你有多好的方式、多真的情感，都要建立在时间上。

田亮自责于过去的自己给女儿留下的时间太少，所以遇上女儿无理取闹，他总是带着愧疚的心情压下了怒火，这都怪平时在女儿的身上关心得不够。

现在，因为几次与女儿单独的旅行，田亮与田雨橙像好朋友一样。田亮说："她经常会跟我说她有一个秘密，谁都不能说的。偶尔我也会跟她说我也有一个秘密，这是你跟爸爸的秘密。"就这样一来一往，田亮与女儿的关系越发亲密了。田亮坦言："**孩子很简单，不花时间在她身上，关系永远是面上的。**"

最关键的要素之二便是：表率。

父母是孩子效仿的对象。例如，你上车让孩子系安全带，如果你没系，孩子就会反问你："为什么你没有系？"如果你一上车就系好了自己的安全带，那么孩子就会知道、会分辨，也会效仿你。田亮说："当你有了孩子，就相当于给自己立了责任。"

　　田亮不主张做父母的在孩子面前伪装："因为习惯这东西，特别是在家里，一般是很难控制住的。"作为父母，你从孩子身上看到的坏毛病，说不定就是你身上有的。田亮坦言自己是个比较注重细节的人。从小就要求Cindy回家要洗手、饭前要洗手、饭后要洗手，甚至有时吃饭中途也要洗手。"有时候会觉得自己有点残忍。"但正因为田亮的严格要求，让Cindy从小养成了洗手的习惯，她才不觉得这件事残忍或者麻烦。客人到家里时，Cindy还会主动要求客人去洗手。真是以身作则的好少年！

第二节：
挑剔老爸 其实很有爱

懂爱的爸爸

　　从小在集体生活中受约束长大的田亮，其实很活泼，也很懂得爱、很细腻。

有一次，田雨橙与田亮分享她在幼儿园"受欢迎"的事情。田雨橙班有一个小男生老喜欢抱她。"你喜欢他抱吗？"田亮问道。"特别讨厌他抱我。"田雨橙噘起小嘴，看得出她挺不满的。

面对女儿的回答，田亮立刻回答说："好的。爸爸下次去学校时跟老师说一下，管一管那个小朋友，在你不想让他抱你的时候就不能抱你。"

之所以没有跟田雨橙说"让老师批评他不要抱"，或者是使用严厉的措辞，是因为在田亮看来，**孩子之间的拥抱是一种爱的表现和爱的习惯，做父母的不能那么简单粗暴地去破坏它**，就好像节目中田雨橙会经常去抱王诗龄一样。当然，田亮强调：田雨橙讨厌他抱的原因是，他是男生。

田亮觉得，现在要做的，就是跟女儿成为无话不谈的好朋友，每天关心她在世界里发现了什么，然后**顺着她的话题聊，用她的世界、用她的那种感想跟她聊天**。瞧，田亮在"做爸爸"这件事上，是不是已经挺专业的了？

虽然女儿还未到谈婚论嫁的年纪，田亮还感觉不到、想象不出"小棉袄"出嫁的心情，但他知道，真的到了那个时候，他一定会有一种很复杂的不舍之情，可最终还是希望女儿幸福。

女儿的幸福，就是爸爸最大的心愿。他用自己的实际行动告诉女儿，怎样珍惜人家的善意，怎样去呵护一份爱。**懂爱的人，总是更容易获得幸福。**

会讲道理的爸爸

在山东威海鸡鸣岛独自照顾五个孩子的时候，田亮身上的"慈父"光环倍增。

　　早晨，田亮习惯性地赖床了。早起的王诗龄来叫醒了当天的代理爸爸。田亮帮女儿收拾好之后，温柔地牵着王诗龄回家换衣服，还帮她扎了一个跟田雨橙一样的小辫子，用这个来拉近两个女孩之间的距离，让她们觉得对方是自己的姐妹。

　　山路很陡，对于几岁大的小孩来说，是挺危险的。胆子比较小的王诗龄缓慢地往上爬着，热心的田雨橙也是出于好意去牵王诗龄，可能是走路的速度太快，把王诗龄吓坏了。她着急地向田亮求助，田雨橙有些生气了："Angela老是不听我的！"说着说着又急哭了。

　　这一回，田亮依然没有急于止住女儿的泪水，而是把道理给她掰开来说清楚："Angela不是不听你的，她是害怕，你看她没上过这个山，她害怕。Angela不愿意的时候，就是说明她可以做到，她可以做就让她自己做。"

　　直接地告诉孩子不要哭，效果往往不理想，当孩子哭的时候，最好的处理方式则是像田爸爸那样，把道理说明白，引导孩子认识到问题所在。田雨橙下一次就会明白，当别人可以自己完成一些事的时候，自己就在旁边陪伴便好，太热烈的帮助，有时会引起别人的不悦。

让女儿多多去尝试

　　田亮虽然很疼爱田雨橙，却更希望让她在安全的范围内，多多尝试一些可以增强她胆量的事。最喜欢跟着爸爸去泳池的田雨橙，也总在爸爸的护卫中，迈出了人生好多个第一步。

"慈父"
光环倍增

有一次,田亮带女儿去跳水馆游泳,当时池边上有个小小的跳台,"很矮,对Cindy来说没有危险性",田亮开始鼓励女儿去试一试,"扑通"一声,女儿一头扎进了水里。

"爸爸,我还想来一回。"女儿的尝试让她收获到了新喜悦。于是,田亮建议女儿去旁边一个一米高的台子上跳。

田亮说:"当时她有点儿害怕,但我还是鼓励她站上去试一下。"

好奇心是发现好玩事情的第一步!

一米高的台子与Cindy的身高相差无几，田亮看着害怕的女儿继续鼓励道："你站上去看一下。"

跌跌跄跄地站在一米台上，田雨橙说："爸爸，好像还好。"接着又"扑通"一声扎进水里。从水里钻出来，要求再玩一次。

类似这样的事还有很多。宁夏沙坡头那次，也许田亮已经记不太清楚细节了，可他的确是因为那一次的节目，被人们疯狂点赞的。

在沙漠，最好玩的娱乐活动便是滑沙了。每个爸爸都拖着一架滑沙车，带着宝贝们走到沙丘顶端，然后像滑雪那样感受从高处滑下的刺激。

不难发现，田雨橙对一切新鲜事物都特别好奇，特别勇于尝试，丝毫不害怕。

这一回也是如此，玩了两次之后，田雨橙对滑沙车近乎痴迷。像沙漠壁虎那样噌噌地一次又一次爬到山丘上，带着哭腔恳求爸爸："再玩一次嘛，就一次。"

田亮在山丘下与女儿僵持了很久。这座沙丘尤其高且陡，女儿想自己一个人滑一次，田亮打心眼儿里是不愿意让女儿冒这个险的，可是他又多么希望能支持女儿做她想做的事，一直以来他都很鼓励女儿去经历一些新鲜的事物，不是吗？

最终，他想到了一个万全之策。他在女儿身后，悄悄地拉着滑沙车，用奔跑来使滑沙车减速，就像是小时候学自行车那样，爸爸总会在后面悄悄地扶着自行车后座，等到我们能掌握平衡了，再悄悄松开。田亮也是如此，一脸谨慎地跟在后面跑了一大截，觉得没问题了才松开了手，这既保证了女儿的安全，又让女儿特别有成就感。

观众看到这一幕的时候，不禁感叹，真是中国好爸爸呀！

也许有的父母会选择制止孩子，和孩子讲道理摆事实，最终让孩子打消这个念头、打消孩子去探索的好奇心。但在"慈祥爸爸"田亮的字典里，给孩子适度的道理、适度的保护、适度的好奇，是非常重要的。因此，面对田雨橙有点儿"危险"的要求，田亮并没有直接拒绝或是反对，而是在短时间内不动声色地寻找最佳的解决方法。

平日里，田亮与女儿常常在家里追逐打闹。轮到田雨橙追田亮的时候，他会刻意保持速度，不让女儿在狂奔中摔倒，却又需要费些力气；若是田亮追田雨橙，他不会追得太紧，让她保有领先的空间。这样一来，田雨橙的安全得到保证，同时还能体会到奔跑的快乐。

节目中，田亮在面对女儿的突发状况时，也越来越驾轻就熟。

在宁夏沙坡头结束"危险"旅程之后，田雨橙环视帐篷四周，距离感、陌生感、恐惧感齐涌心头，哭泣的节奏拉开序幕。这一次，我们没看到田亮束手无措的样子，而是看到他略带点儿调侃地问女儿，是不是准备到了晚上再给大家上演一场哭戏？显然田雨橙也有点儿不好意思了。所以在她恢复情绪之后，黑暗中传来父女俩温馨的对话：

"爸爸，搂着睡！"

"好，爸爸搂着你睡。"

有爸爸在，就是安全与温暖。

第三节：
冠军气质让人钦佩

孩子比"豪宅"更重要

在这次旅途的最后一站——牡丹江雪乡，爸爸们又展开了一次"宿舍大作战"。代理村长介绍完五所房屋的特色之后，一声令下，孩子们坐在雪橇上，爸爸们拉着雪橇，以最快的速度朝他们心仪的房屋跑去。

田亮父女与拉着王诗龄的王岳伦狭路相逢了，他们没留神，还来了一次友谊的碰撞，两个爸爸都没站稳，跌倒在了厚厚的雪地里。

他们俩相互搀扶着站起来。王岳伦迫不及待地拉着雪橇继续往前冲。因为之前的旅途当中，他们父女从来没能住上好房子，这一次他真是豁出去了，要抢到最好的四号房，让女儿住得舒舒服服的。

雪橇被积雪卡住了，严重影响了王岳伦的前进。他狠狠心暂时扔下女儿去抢房子，田亮追了一两步，突然发现王诗龄在身后哭泣。

田雨橙离王诗龄的距离最近，她最先走到王诗龄面前拉她的手、安慰她。田亮立马放弃了去抢房子，折回来跟田雨橙一起安慰王诗龄。

田亮是个优秀的运动员，抢房子这种事难不倒他，可面对孩子和房子，他最终选择了孩子，放弃了原本的目标——四号房。

他跟女儿一起帮王诗龄拉雪橇，见王诗龄的脚卡住了，又小心地凑

　　上前去把王诗龄抱出来。事后，王岳伦谈起这次抢房大战，表达了对田亮的感谢，感谢田亮放弃房子，选择留在原地照顾他的女儿。

　　这是身为奥运冠军的田亮应有的作风。**冠军的精神，并不是永远要不计一切代价而夺得奖杯，更重要的是，一个真正的冠军，必须要拥有如此博大的胸怀。**田亮用自己的实际行动告诉田雨橙，与夺冠相比，拥有一颗关爱的心，更为重要。

他的慈祥，可以跟别的小孩分享

疼爱自己的孩子，对自己的孩子慈祥，这是每一个爸爸都可以做到的，难得的是，田亮还能用自己的实际行动告诉孩子，在生活中要体谅他人。

湖南平江，一切都显得如此亲近自然。平坦的草地上，孩子们跟随着爸爸去挑选他们中意的小猪。很快，小猪赛跑就要开始了。

第一轮比赛，田雨橙很顺利地得了第二。在第二轮比赛时，风一般

有森爹在，再冷也不怕！

的田雨橙，依然非常独立，几乎都不需要爸爸的协助，牵着小猪一马当先。可是不远处的Kimi开始发脾气了，因为他的小猪特别不听话，好心引导不听，生拉硬拽又拽不动。

因为掉队而痛哭流涕的Kimi被远远地甩在了后面，这个时候，细心的田亮发现了，镜头虽然没有刻意拍到他，可大家依然可以清晰地听见他对女儿说："回来回来！"这个时候，Kimi的小猪终于愿意配合了。最终，Kimi和他的小猪获得了第三名。

如果不是被田亮刻意叫住，运动小达人田雨橙又怎么会掉出前三名呢？田爸爸虽然爱女儿，虽然很想让女儿得冠军，看到她灿烂的笑容，可是面对其他伤心的小朋友，慈祥的田爸爸动了恻隐之心。这的确是一个拥有奥运精神的奥运冠军所拥有的品格，在他的眼里，**胜出当然重要，可是友谊、陪伴和关爱更加重要**。这自然流露出来的怜悯之心，将成为一段鲜活的记忆，停留在田雨橙的脑海里。田爸爸的举动暗示了田雨橙，跟友谊相比，冠军根本不算什么，这样的教育方式，让孩子的心态更加健康。

合格老爸的心路历程

回顾这一段旅途，田亮觉得自己最大的收获便是"走进了女儿，看到了自己"。

他说："孩子其实就像一面镜子，她让我们看到自己的行为在她身上的反馈，让我们看到自己也还有许多需要提高的地方。当然，我们也意识到，她身上还有许多不足，不过让我骄傲的是，我能看到她没有心计地去帮助别人，这点很难得。"

录制这个节目之前，田亮在家没进过厨房，连半顿饭都没做过，甚至炒菜的锅和燃气灶也没碰过，更是没有给女儿梳过头发。在这次旅途当中，那些曾经似乎与他毫不相关的事，他通通尝试了。

他觉得自己在这趟旅途中成长了，他开始学会怎样跟小朋友沟通、怎样照顾女儿，最关键的是，在做父亲的心态方面，他成熟了许多。

仔细思考他过去的育儿法则，田亮说，他的不足之处就在于跟女儿心与心的交流太少。过去的日子里，田亮的工作太过繁忙，在家里的时间确实比较少。

田雨橙过去有一个特点，她心情好的时候，觉得有爸爸在，就是最开心的。但当她发小脾气、闹矛盾、对生活起居不适应的时候，她还是会很依赖那个长期喂她吃饭、陪她睡觉的人。在过去，那个人不是奶奶就是妈妈，如果换成了别人，她就会不适应。

现在，田雨橙已经完全习惯了让爸爸来照顾她的生活起居，梳头、做饭、吃饭、一起进入梦乡，这些都没有问题。她不再流泪了，当然，玩耍的时候就更不用说了，爸爸的体力是家庭成员中最好的，每次陪她玩都非常尽兴。

在成为一名合格爸爸的路上，田亮坦言自己还要学习很多，但是他对自己很有信心。田爸爸希望给女儿更多的正能量，让她学会体贴，拥有善良的心。**不需要得第一名，因为在老爸的心里，女儿永远是最棒的!**

小手拉大手，我们一起走!

森碟：

　　时间过得真快，不知不觉，这一次只有爸爸的旅行就要结束了。在我的记忆里，爸爸好像没有给你写过信，但是爸爸感觉有很多话想对你说。有那么多难忘的场景在脑海里鲜明地存在，为了写下这封信。有一天等你长大了，想想五岁时这段旅程、这段成长路上的温暖经历，（就知道）爸爸为你的进步而自豪。

　　记得初到灵水村，你这个抱着爸爸不撒手的小爱哭鬼，哭到爸爸心碎一地，却拿你一点法子都没有。爸爸知道，有能依赖的人在，你是一个遇到点小事就会哭鼻子的爱哭鬼。你一人独当一面时，你又是无坚不摧的女汉子。爸爸喜欢看你无怨无悔地飞跑，喜欢看到那个掉进泥里不怕脏、拍拍屁股站起来的小妞。答应爸爸，勇敢下去。找食材时，帮助爸爸、帮助大家拎东西，你的微笑和认真，让爸爸明白，你可以很独立。以后请记住，帮助别人无论在任何年代都是珍贵的品德。学会珍惜和感恩，与人相处真诚待人。在云南你和爸爸一起追天鹅，在你未来的成长路上，爸爸也许不会什么事都能给到你指引和帮助，这个时候做个懂得努力的孩子，才有资格吹响胜利的口哨。

　　爸爸还要提醒你，力气再大、跑得再快，有时候也要学会忍耐，也许还要理解失败，有目标也不是要一下子都实现，岁月这条路很长，不着急。爸爸不会表达自己爱你的方式，又很爱唠叨，这是爸爸的缺点，可是一看到你无忧无虑的精神，爸爸又忍不住唠叨了这么多。你的成长给我和妈妈带来了无限的快乐，你的一点一点的长大，也带给了我一步一步的成熟。在你成长为很棒的小孩前，我会努力成长为很棒的老爸，陪着你慢慢长大。

爱你的爸爸：森爹

森爹！！！

4

第四章

张亮&张悦轩

耍帅王父子大反转！

——五岁天天 爱家人第一名

正如查尔斯·狄更斯所说：父亲，应该是一个气度宽大的朋友。

你的爸爸便是这样的一个人。

虽然唠叨已经成了他的代名词，可对你而言，是幸福的源泉。

每一个认识你们父子的人，都情不自禁地假想，如果我有一个兄弟般的爸爸，该多么幸福。

你们一起玩闹，一起穿时尚的衣服，每时每刻都亲密无间，就像是多年的兄弟。

快乐的时候，你最想跟他分享；难过的时候，他会拍拍你的肩说，没事的，你是男子汉。

你给予他温暖，他教会你坚强。

第一部分

不想做潮男的纯爷们儿不是好儿子

第一节：哭泣少年大逆转

什么破约定啊!

还记得山东威海鸡鸣岛的那天，空气中漂浮着湿润的海的气息，夜色降临，背景深处是农家温馨的灯火。天天牵着爸爸，爸爸陪着当地的一位老人家，三个人慢慢地走着。老人家夸张亮，你家女儿长得不错。张亮又惊又窘，连忙解释，大爷，这是男孩儿，就是长得秀气了点儿!

一旁的天天应该不会害羞吧？他或许还在心里自鸣得意：我就是长得俊，长得俊也有错呀？

天天大名张悦轩，别看天天现在这么嘚瑟，刚来节目组的时候，他可真是比小姑娘哭得还凶呢。

出发去北京灵水村的那天清晨，节目组的小伙伴们起了个大早，赶

我就是长得俊，长得俊也有错呀？

赴位于北京的张亮家。

　　走近张亮家的门，纯净的白色让这个家显得时尚又温馨。妈妈知道节目组今天要来，提早起床在家里等候，而将要去做节目的张亮父子则依旧在床上补觉。

　　爸爸是中国首席男模，是第一个走上米兰时装周的中国模特儿。妈妈为了照顾年幼的天天，一直在家细心地打理着繁杂的一切。从很小的时候开始，天天就跟着爸爸走过秀，上过综艺节目，可面对《爸爸去哪儿》的镜头，他依然哭得眼睛通红。他抽泣着说，希望妈妈陪他去。

　　虽然已经有过不少经验，但一开始的他还是非常抗拒镜头，吃饭的时候被摄像机拍着就觉得难受，不耐烦地要求摄像机转过去。那时的他还是一个被牛奶浇灌的小娃娃，不好强，不喜欢表现，扑在妈妈的怀里拼命地撒娇。

　　后来到车上，看见有许多小朋友，他的情绪变好了一些。几个小时后，天天跟爸爸在北京灵水村下了车。听说要把自己的玩具、零食通通交出来的时候，他哭得比谁都惨。当知道就连爸爸的手机也要被收走的时候，他完全崩溃了，瞬间大哭，一边哭一边大喊着："**这是什么破约定啊！**"在这个一看就觉得很偏僻的乡村，没了玩具，没了手机，日子该怎么过呢？

当然，天天不知道，更悲惨的事情还在后面。

交完了东西，代理村长李锐带着大家去看即将入住的房子。走到第一户"新家"门前，天天被院子里的一股臭味给熏了出来，死活不肯进去，因为这里的环境对他来说实在是太糟糕了。张亮站在门前，一个劲儿地喊："天天！天天！学爸爸憋气，我们就进去看一看而已！"可天天丝毫不理会，站在十米开外的地方一遍遍重复："可以走啦！可以

上交游戏机好发愁

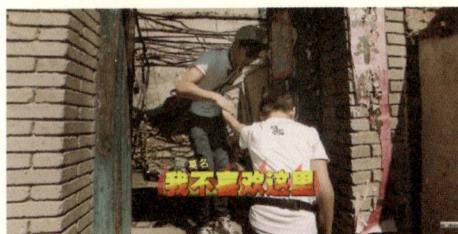

走啦！"

张亮对儿子的这一反应可是一点儿都不感到意外，往常他开着车载着儿子在北京城里转悠的时候，碰上儿子要上厕所。他总得想办法找个干净点儿的厕所，总之呢，有点儿小洁癖的天天，对环境是特别挑剔的。

虽然天天一直在催促张亮快点儿离开，可张亮看上去很执着，天天无奈之下只好出于本能地跑远一点儿。那一次他跑得可真快，最后还是强壮的爸爸把他扛进了"新家"。待在爸爸的肩上，天天老实多了。

后来，新任务似乎引起了他的兴趣。暂别脏乱的"新家"，他显得有些亢奋，敬着军礼对村长李锐说："是长官！一定完成任务！"可提着篮子，跟几个小朋友跑了一阵子之后，两个女生忘记正在执行的任务，跑去跟农户家的小妹妹搭讪去了。天天只好落寞地把任务卡摊了一地，无论谁跟他说话，他都不想搭理……

这是天天在节目中的开场，说实话，开得并不精彩，但逆袭就在后头。

逆转的神话

北京灵水村，找食材的路上，天天身边跟着两个小萝莉。三个小萌神走在路上，周围有路过的行人，总是忍不住回头："这三个小孩儿也太可爱了吧。"

天天其实不是真的傲娇，只是有些不适应农村的生活环境，等到他渐渐适应了这里，终于表现出自己贴心的一面。

那天的太阳可真够烈的，天天只穿了一件小背心，还是有汗珠从头发里滚下来。走在前面的天天被太阳晒得有点儿蒙，这个时候，走在他身后的王诗龄妹妹拍了拍他的后背，把手里的菜篮递给他："你帮我拿一下吧，太重了。"天天面对王诗龄的求助，愣了一下下，然后果断地接过篮子："好吧。"

王诗龄累了之后，天天帮忙提着走了一段路程，也累了，可当田雨橙说"那我自己去了哦"的时候，他又像是不放心妹妹一个人去执行任务，挣扎了一下，站起身来加快速度跟了上去。

田雨橙真是太能干了，她的菜篮子里很快就没有了更多的空当，同时，篮子的重量也让她无法承受。天天见了，忘记自己的疲惫，赶紧跑

天天却一脸淡定，
乖乖地跟着田亮走了

过去帮忙。

这些都让人觉得，嗯，这个小男孩儿其实也不算娇气，至少在比他弱小的人面前，他很勇于承担。

节目一期期播完，天天的成长也在加速中。

湖南平江的那个清晨，五位爸爸和儿子女儿们从清浅的薄雾里走向代理村长李锐。今天这个任务可真够让大家为难的，因为孩子们要交换彼此的爸爸度过一天。王诗龄一听要跟爸爸分开，有点儿害怕，大哭着说了句："把村长放到篮子里去！"惹得大家哈哈大笑。Kimi也不愿意跟爸爸分开，忍不住抽泣。对于小朋友来说，在一个陌生的地方与亲人分开，恐惧是非常正常的。天天却一脸淡定，乖乖地跟着田亮走了。平时他总是自称"纯爷们儿"，看来关键时刻还真能做出点儿"纯爷们儿"的样子。

后来在私下里，天天还对田亮说："**你就随便照看我就行了。**"相比第一期在北京灵水村，天天已经成熟了不少，适应力也大大提升。这也让心系田雨橙的田亮省心不少。

从最初那个站在"新家"面前又吵又闹的娇气包，到后来成为如此贴心懂事的好孩子，天天成了最逆转的宝贝之一。

第二节：心思细腻的小甜男

爸爸伤心了，我会比他更伤心

张亮作为中国首席男模，总是在全球各地忙碌，有时候刚回家没多久，便又要去下一个拍摄、走秀地点，工作特别忙碌。

这个世界上，
老爸做的饭
是最好吃的。

　　大概就是因为平时总是聚少离多，在与儿子相聚的日子里，张亮大多数时候都是一个慈父的状态，与儿子打闹玩耍，一心想在有限的时间里，给予儿子更多的陪伴。他不介意儿子管他叫什么，有时候叫他奥特曼，那么今天他就是奥特曼，有时候叫他怪兽，那么他便非常配合地当一天怪兽爸爸。当然啦，天天多数时候还是叫他爸爸的。

　　妻子总是有点儿小小的羡慕这对父子，他们总是有说有笑地讲着。节目中，这爷儿俩也特别像哥们儿，张亮经常跟儿子欢快击掌，就像是共同打赢一场球赛的队友，默契十足。两人都很擅长情感表达，出门时天天一直担忧自己会表现不好，反复问爸爸："相信我会听话吗？"张亮的反应永远是："我当然相信你，我不相信你谁相信你。"天天则常常把"爸爸我爱死你了""爸爸你做饭最好吃了"挂在嘴上。

天天总觉得，这个世界上，老爸做的饭是最好吃的。

　　那是刚到北京灵水村不久的时候，爱干净的天天好不容易适应了新住所。爸爸张亮为了奖励儿子的配合，打算趁午饭的时候给儿子做一个三明治。

　　没有面包片，那么就用馒头代替，没有刀子，张亮就用牙齿来代替。在北京灵水村的第一天中午，张亮咬了一口西红柿夹到馒头里做成

简易三明治里递给天天吃，问他："你嫌弃我的口水吗？"天天摇了摇头答道："**不嫌弃，反正你就是我爸爸。**"

反正你是我爸爸。其实，不是所有的孩子都能像天天这样爱他的爸爸，无论爸爸把什么东西拿给他吃，无论是五星级大餐，还是沾着口水的三明治，他通通觉得好吃，毫不犹豫地塞进嘴里。看到他说那句"反正你就是我爸爸"，句子虽然简单，竟让人的眼底微微潮湿。

天天特别维护自己的爸爸。

张亮曾经做过好几年粤菜大厨，在节目里，他常常小露一手，给大家打打牙祭。在北京灵水村第一天的下午，小朋友们负责收集食材，爸爸们负责把食材做成一盘盘的佳肴。张亮做的菜最多，可石头大概是吃不惯别的爸爸做的菜吧，随口说："真难吃！"张亮在一旁问："有那么难吃吗？"

天天没有当众把石头给噎回去，他只是默默地凑到爸爸旁边，大口大口地吃菜，然后说："爸爸，我觉得你做的每一道菜都特好吃。"

张亮毫不隐晦地表达自己的心情：**"天天，你这样说，爸爸特有面儿！"**天天又说：**"爸爸，说你爱我，我想让你告诉全世界，你爱我。"**后来张亮坦言，当听到儿子这样说的时候，他真的恨不得站起来大声喊"儿子，我爱你！"可最终还是碍于面子，没有当众说出来。

在北京灵水村的第二天中午，五位老爸比拼厨艺。大家伙儿做好饭后在张亮的院子里会合。灵水村的天气晴朗无云，依然是在他们父子俩吃三明治的瓜藤下，五位爸爸要做饭给孩子们吃。吃完了之后，孩子们要把手上的两根狗尾草献给自认为手艺最好的爸爸。

大家把第一根都献给了自己的爸爸，到了最后，只有石头手里还剩下一根，可他就近送给了王岳伦。于是乎，张亮在这场比赛中败北了。

这个时候，天天不吭声地往院子外面跑，包括张亮和节目组的导演全都慌了，以为好胜的天天因为爸爸的失败而负气跑走了。张亮连忙起身追上前去，对天天说："你要是跨出这道门，我就成最后一名了！"他没有听到天天在跑的时候，嘴里一直在念叨："哪里有狗尾草呀？"直到天天被张亮的声音喊住，他才回过头来说出真相："我，我只是想自己拿一根狗尾草给你。"

当场的所有人都无法不被这一幕感动，天天以为只要有狗尾草，爸爸就赢了。他希望爸爸可以赢，不是为了自己有面子，而是不希望爸爸难过。

输了自然要接受惩罚，张亮的惩罚便是要去推磨。看着爸爸很辛苦地推磨，天天也不甘心就那么看着，跑过去帮爸爸一起推，一边推还一边问爸爸是不是觉得轻松很多，因为他在帮爸爸推呢！

在他们参加《爸爸去哪儿》之前，有一次张亮用大衣为天天遮雨。天天仰着脑袋问："你在干吗呢？"张亮回答："我在为你遮风挡雨。"他又问："那你能为我遮风挡雨一辈子吗？"张亮没有直接回答，而是反问："等爸爸老了，你能为我遮风挡雨吗？""我能！"说完这两个字，天天就哭了，还哭得特别伤心。

爸爸比赛失败的时候，他也是这样的心情吧？在他的眼里，虽然自己还很小，还不足以为爸爸遮风挡雨，但是他愿意为爸爸做一切力所能及的事：爸爸做饭的时候，他会在身后用小拳头给爸爸捶背；有一次爸爸做饭的时候，炉火不旺了，他说要给爸爸生一个特别大的火，结果还把自己的头发给烧煳了。可他并没有在意自己的头发，爸爸有些生气地问他怎么把头发给烧煳了的时候，他低头默然流泪："对不起……"

对不起，这是他的头发被烧了之后说的第一句话，不是发怒不是懊恼而是"对不起"；对不起，他流下泪水，因为他埋怨自己为什么连帮爸爸生火这种事都做不好，真是没用。

"等爸爸老了，你能为
我遮风挡雨吗？"
"我能！"

　　爸爸难过的时候，他用自己的方式去安慰爸爸；爸爸喜悦的时候，他毫不吝啬地大声说："老爸我爱死你了，你真棒！"

　　在他的世界里，爸爸是需要自己的，哪怕他看上去健壮、开朗又热情，可对于爸爸而言，总还是有脆弱的时候，总会有需要这样一件小棉袄抚慰的时候。

　　有一次，村长李锐问他，最喜欢爸爸还是最喜欢妈妈。他毫不犹豫地说："**我想跟爸爸妈妈永远在一起，然后他爱我我爱他，互相爱。**"

敏感的纯爷们儿

　　当然，他的细腻敏感，表达的方式偶尔会有些不同。

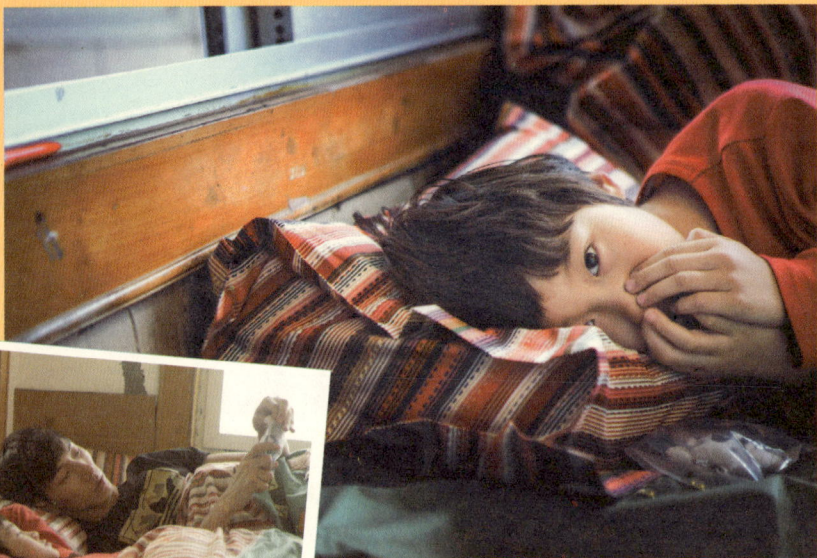

山东威海鸡鸣岛的清晨，窗外是青蓝色的天幕，在选房子的时候，天天挑了这座破败的海景房。虽然它破旧，但是它三面环海，每天在海浪声中睡去、醒来，还能跟搂着自己的爸爸说悄悄话。这让天天感到无比兴奋。

第二天一早，天天揉着自己卷卷的黑发在睡梦中醒来，一看枕边，竟没了爸爸的身影。半梦半醒中，他回想起昨天晚上，大家投票选出了今天的代理爸爸田亮，而自己的爸爸则出海捕鱼去了。

他在床上有点儿生气，终归还是不习惯醒来之后吃不到爸爸做的美味早餐吧。等啊等啊，代理爸爸田亮叔叔还是没有出现，他坐在床上，自言自语："田亮叔叔是不是把我给忘了？"其实，此时田亮叔叔正在赶来的路上。

天天等得不耐烦了，开始自己穿鞋子，可穿着穿着，他突然急哭了："死扣了！"他指了指自己的鞋子，鞋带死死地绑在一起，怎么穿也穿不上。

田亮来了的时候，他大喊了一声："田亮！你迟到了！"在观众们看来，这小子真是有些自我。

其实通过他那句"田亮叔叔是不是把我给忘了"就可以揣测出来，他之所以发脾气，是因为受不了被亲近的人忽视。**他是个太敏感的小孩儿，对周围的一切有着超强的感知。**他的性格也很多愁善感，田亮叔叔迟迟不来，他就在想，叔叔是不是把自己给忘了。想着想着，他就难过了，难过着难过着，他就只好像每个小孩儿那样，用发脾气的方式宣泄自己的孤独。

爱爸爸也爱伙伴们

在北京灵水村吃饭的时候，天天吃到中途，朝对面摄制组喊了一句："成叔叔，你也来吃点儿吧。"另外一次在牡丹江雪乡，第一天晚上张亮炖了一条大鱼，鱼炖好之后，天天马上跑着邀请周围的人都来尝尝他老爸做的鱼。在爸爸和自己吃饭的时候，他能主动关心同剧组的其他伙伴有没有吃饭，真的很难得。他的细心与善良，并不是全都给了爸爸，也分给了身边的人。

《爸爸去哪儿》的收官之旅在牡丹江雪乡。那里是白色的王国，漫天遍地都是圣洁的白色，积雪厚厚的，踩上去发出嘎吱嘎吱的脆响。五个小朋友还没有意识到，这可能是他们在这个节目里分别的时刻，都特

绝对时尚哟！！！

别投入地玩着雪。

午饭的时候，天天依然像往常那样，关切地询问他的编导"黄美人"以及摄像"成叔叔"有没有吃饭，然后才端起自己的饭盒。他坐在爸爸旁边，拼命地扒了几口饭，突然停下了吃饭的动作，有片刻默然。

稍后，他扭过头来对爸爸说："爸爸，我很舍不得。"张亮问他："舍不得什么？"天天回答：**"我很舍不得《爸爸去哪儿》。这是最后一次录制了吗？我们第二季还来吗？我还想跟你在一起录《爸爸去哪儿》。"**

经过了这么多天的节目录制过程，从炎炎夏日到凛凛寒冬，从穿短袖到穿棉袄，天天已经和其他四组爸爸和小朋友，以及剧组的小伙伴们建立起深厚的友谊，也难怪到分开时，他会这么难过。

第三节：老爸是我的好兄弟

好兄弟守则第一条：不准欺骗

沙漠里也有绿洲，有生命的地方，就是绿洲，有爱的地方，就是绿洲。

在宁夏沙坡头的沙漠里，五组家庭来到一家养鸡场。在这里，每天都有许许多多的小生命降临在这个柔软的世界上。

而今天，"残忍"的编导们又要给五个小朋友带来一次艰难的挑战。五个孩子被分成几组，每一组孩子的爸爸们会带领他们走进一间孵化室，交给他们一个神圣的任务——看护即将破壳的鸡蛋，保护小鸡的生命。

孩子们听得异常认真，加上爸爸们的表情稍加渲染，看鸡蛋这事儿瞬间变得高端大气上档次。孩子们极其郑重地答应了爸爸们的请求，然后爸爸们借着找干草的名义出门去。而过一会儿就将有一个叔叔走进来，趁孩子不注意，毁掉鸡蛋。

天天的鸡蛋是自己捡到的，还给它取了一个家族名字"张小马"。 张亮带着天天飞奔孵化室，孵化张小马。这个时候，村长李锐已经坐在孵化室了。干草上面已经有两个鸡蛋了，村长告诉天天，把鸡蛋放到旁边，千万别搞混了。天天被村长渲染的紧张气氛所感染，正儿八经地把鸡蛋放下。

跟天天交代好任务之后，张亮便找借口出去了，随后，村长也出去了。天天坐在那里，一步都没离开地看着鸡蛋，还时不时地用牛仔帽给鸡蛋扇扇风。这个时候，田亮推门进来了。天天赶紧叫他小点声儿，会吓到小鸡的。

天天的鸡蛋是自己捡到的，还给它取了一个家族名字"张小马"。

没多久，田亮进来了，他总是找机会碰张小马，天天非常担心地不让他碰。田亮说："那你拿着吧。"然后装作手滑，鸡蛋啪一声落到了地上。天天虽然嘴上说要告诉爸爸，可他又让田亮赶紧出去，想方设法替他打掩护。

过了一会儿，张亮回来了，见地上碎了一个鸡蛋，质问天天怎么回事。天天一开始一口咬定摔碎的鸡蛋不是张小马："我那个鸡蛋没打碎，别人的鸡蛋打碎了。"可爸爸说："张小马上面是有斑点的！"面对爸爸接连的质问，天天手足无措，只好实话实说："**我不想让你知道是他（田亮叔叔）打碎的，所以我才这样撒谎的，对不起。**"他顿了顿又伸出手说，"**你打我吧。**"

看到这一幕，观察器后面的另外几位爸爸全都被他深深地打动了。

张亮说，天天之前从来没有跟他撒过谎，从来没有。因为张亮告诉他："你是我的兄弟，我也是你的兄弟，你相信我，我同样也相信你。如果有一天你骗我的话，我答应你的事情我也会做不到。不管你做了错事还是好事，你不能骗我，你要让我知道。互相信任，这需要很长时间很多细节来建立的。我不想因为你自私或者怎么样，就把我们互相信任的事情破坏掉了。这对我来说是很严肃的事。"

天天，一个对父亲绝对坦诚的孩子，今天却为了给田亮开脱而说了谎，足以看到他的善良。

好兄弟守则第二条：熟悉彼此

闭上眼睛，试着回想一下自己的父亲，你能精准地回忆起他的眼角有几道纹路，哪里有痣又或者是哪个部位有浅浅的疤痕吗？

平江的乡村里，五位爸爸集体消失了，他们正在执行一个神秘的任务。在简单的化装间里，爸爸们开始了让人不忍直视的大变装，俨然要在《爸爸去哪儿》里植入《百变大咖秀》的戏份。

前面的几位小朋友，面对爸爸扮演的奇怪的人，全都一半警惕，一半莫名，相处了好一会儿，丝毫没有察觉出任何线索，全都得让爸爸主动缴械投降，才半信半疑地跑过去叫爸爸。

第五个参加考验的便是天天，他今天穿得依旧很潮，心情看上去特别轻松，兴致来了，还冲着镜头来了一段自创的武术，也不知道节目组要带他去干吗。

另一头，穿着女装的张亮背着画板进入天天的视线中，俨然一个"重口味"文艺女青年，因为他扮女人实在是太过夸张吓人，以至于天天一看便说："丑女人！"

出于好奇心，天天还是朝那个"丑女人"跑了过去，走了几步又站定："是男人装女人还是女人装男人？"敏锐的天天一眼就识破了这个人的怪异之处。

他又走了几步，突然大喊了一声："老爸！"见对方不理他，又叫："张亮！"然后一直追着问："老爸，你这是干吗呢？"

张亮早就快笑喷了，却还是要忍着笑

意，强装镇定。

　　一番拉锯战之后，天天一副完全肯定这个假扮的"丑女人"就是老爸的样子。张亮没辙了，只好宣布自己失败了。

　　当大家都以为天天这么快就识破张亮，是因为张亮的造型太做作的时候，天天再次给了人们惊喜。他说他是从一些细节认出来老爸的："爸爸的脸上有许多很小很小的痘痘，还有很特别的下巴棱角，这'丑女人'都有。爸爸和我的身高差恰好就是我跟'丑女人'的身高差，而且爸爸的一只手是断掌……"**张亮本人都没有观察过自己掌心的纹路，可是天天却知道。**

　　张亮父子这一组的换装测试是最快结束的，也是给人们最大感动的。有多少人能像天天这样，对聚少离多的爸爸的身体特征如此了如指掌？

　　这些细节，不是偶尔几次恶补，就能记得如此清晰的。天天一直都把爸爸当作哥们儿，特别是参加节目后，天天变得比以前更加贴心懂事。

　　以前张亮回到家，天天坐在一旁看动画片玩iPad电子游戏，往往就只是会问一声"爸爸你回来了"，然后就继续玩自己的了。可上了节目之后，他对爸爸的关心不再限于嘴上，而是用许许多多行动来表达。比如碰到时装周，张亮比较忙，回来晚了，天天总会给他倒水，洗苹果，还会问爸爸累不累。这些转变，让张亮深受感动。

第一节：
等了好久才等到你

每个人都有一段曾经

　　网络上，张亮被万千网友封为"男神"。姑娘们没有一个不盼望自己的生命里，也能出现像张亮这样一个会做饭、时尚帅气又很温柔的男人。大家都说，张亮的老婆寇静一定是上辈子拯救了全宇宙，这辈子才这么好命。

　　也有人说，张亮有这么个贴心的宝贝儿子，也属于命特好的那一类人。可张亮的这31年，过得并不平坦。

　　15岁之前，张亮是个衣食无忧的北京少爷。家在房山，父亲开煤矿，母亲专职操持家务。1997年，当时才15岁的他每个月已经有用不完的零花钱，而普通工人的工资为900元左右，可见张亮当时的家境有多优越。

然而，张亮的富裕生活几乎在一夜之间终结，父亲重病住院，不到三年就耗尽了家里全部积蓄。张亮感受到了穷困潦倒的滋味。

父亲病重后，家里只能供一个孩子上学。张亮有一个双胞胎姐姐，成绩好，于是姐姐继续读高中，读大学；张亮则去北京市里的技校学厨，一年后开始实习。实习头一年，他16岁，没工资——其实有工资，给学校了，班主任每个月来看学生就是来领工资的。张亮一开始不明白，每次看见老师还说谢谢，慢慢才明白是怎么回事。等到张亮领工资了，他把钱一劈两半，自己和姐姐一人一半。

张亮到现在都记得当时的那种兴奋，"哇！挣钱了！"第一个月工资550块，全都给家里买东西了。第二个月，张亮跟朋友借了120块，买了双耐克鞋。

刚穿上耐克鞋，张亮就"下岗"了。他上班的饭店被更大的饭店兼并了，那是1999年。17岁就失业了。张亮绝望了好一阵，等哀伤劲儿过去，他揣着饭店赔给他的两个月工资找工作。他吃大饼、榨菜，住在一间每月120元的地下室里。为了省钱，连地下一层的都住不起，他那间在地下三层。

他的小屋简陋到让人无法置信，里面只有一盏灯，房间只有一张单人床的面积，一脱鞋就要上床。也没窗户，一开门完全是死老鼠的味道。张亮每天早晨一起床就想办法找工作，洗个脸就出门，晚上困得不行才回地下室，没事干就去网吧，上会儿网，打CS，让自己变困，这样的话，回去就能睡着了。

后来他还干过售货员，每天上下班要穿越两次北京城。他工作的商场有一个规矩，早上7点40分必须到岗开晨会，叫"爱的鼓励"。员工站成两排，店长领着鼓掌喊口号，啪啪啪，啪啪啪。如果没到会，就会被扣钱。

　　张亮每天5点半从家出门，骑自行车骑到平乐园52路总站，把车锁在总站那儿，坐车到公主坟，下车走15分钟到翠微。

　　他们店卖的是体育用品，一定要很精神很阳光，短头发，要打啫喱水。张亮那间屋冬天没有暖气，每天回家睡觉他都把啫喱水搂在被窝里面睡，要不然第二天会冻成冰。

　　每天上班之前，张亮早早地起来洗头，院子里的水管结了大坨大坨的冰块，没有热水，只能咬着牙洗冰水，回家用吹风机一吹，抹上啫喱水便立马去上班了。

儿子教会我长大

　　年少的时候经历了太多的波澜，张亮不想放弃任何一次幸福的机会。老婆寇静说想结婚，他拉着老婆的手就去了民政局，25岁就当了爸爸。

　　寇静在分娩的时候，张亮坐在产房外面一根根地抽烟，听到产房里有孩子哭，当时眼泪就下来了，他忽然就觉得自己长大了。

那是他刚进入模特儿行业的第二年，经济条件不够成熟，孩子出生时，还没做好准备，但只能摸着石头过河。

说起带孩子，张亮最初也毫无经验。在这种情况下，一头雾水的他只能求助于万能的百度了。小孩子怎么换尿布，怎么拍奶嗝，各个阶段需要吃什么样的食物，什么时间可以学走路，这些都是从网上查的。

就这样一步一步，天天成长的同时，张亮也逐步成长为一位全能奶爸。他没有想得很长远，孩子有什么变化，只能尽可能地及时发现。

随后，张亮的工作越来越忙碌，他依然保证每个月得陪儿子一周。走秀的淡季，还会带上全家一起去海岛度假。在张亮看来，生孩子这件事并没有影响到他的事业。他说的最多的一句话就是："我觉得孩子的出生其实是帮助了我，让我更有责任感了，让我从一个男孩子变成一个男人了。"

第二节：
做父亲就得成为最懂孩子的人

你做什么，孩子会跟着学

张亮一直以来都认为，孩子是一张白纸，你的一举一动，都是在给这张白纸描绘各种各样的颜色。纯白的孩子特别善于模仿，用行动来说教，能让孩子在不知不觉中把"道理"变成"习惯"。比如坐车的时候，与其用语言一次次告诉孩子要系好安全带，不如自己每回开车之前都把安全带系好。

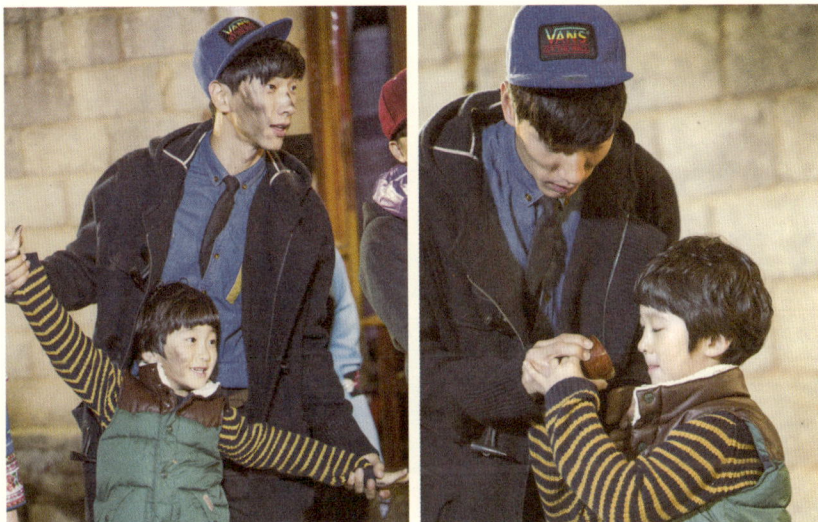

　　爸爸们在第一站北京灵水村便累得上气不接下气，第一次与孩子到农村来体验生活，平时习惯了大城市中舒适生活的爸爸们还真是有些吃不消。

　　节目组希望让孩子们暂时离开大人，自己学会与彼此相处，于是把孩子们支去放羊，而爸爸们则被请到一个房间里，享受美好的午后阳光和啤酒。

　　五个爸爸在一起喝酒，算是对这两日磨难的一次解脱。大家都放松了绷紧的神经，暂时不用担心孩子的哭闹了。

　　开启瓶盖，"噗"一声，愉悦的气泡涌了上来。大家相互碰杯，张亮特别热情礼貌地站起来与大家碰杯庆祝，这是容易令人忽视的细节，恰好体现出张亮平日里的热情作风。

　　在北京灵水村有一次，他们一行人在集合地稍作休息。张亮喝了一口水，一转身，瓶子里的水不偏不倚地浇在了天天的鞋子上，惹得天天大叫："你赔我一双鞋！"

如果是权威型的家长，面对天天这样的表现，可能会恼怒，从而去喝止他，可张亮一脸歉意地笑着赶紧说了声："Sorry！"然后给天天想对策，怎么解决鞋子的问题。

犯了错就道歉，张亮用他言传身教的教育方式，成功地把这一习惯传递给了天天。

在北京灵水村，爸爸们接过孩子们辛苦收集来的食材，热火朝天地做起了午饭。天天或是想帮忙，或是贪玩儿，趁张亮不注意朝锅里撒了一勺盐。张亮发现了，慌慌张张地大叫："天天！我已经放过盐了！"

天天立马低下头来表示歉意："对不起。"

后来在宁夏沙坡头的一次，天天非要自己钉钉子，老爸在一旁扶着钉子。天天握着小锤子敲敲打打，不小心砸到了张亮的手，他也马上说了句："对不起。"

这或许就是张亮的教育方法的可贵之处，他很少用语言告诉孩子，应该有怎样的言行举止，可天天照样非常懂得礼貌待人，犯错知道要道歉，也知道心疼人。

不能完全顺着孩子

张亮的确想做一位慈父，做天天的哥们儿，可慈父不代表不会发脾气，哥们儿如果不能在你犯错时及时给予提醒，也就算不上真正的哥们儿。

宁夏沙坡头的沙漠拥有着小清新的色调，天空、沙砾，一片纯净，色彩分明。

爸爸们在一旁忙碌着，孩子们跑到不远处嬉闹。这大概是他们第一次来沙漠吧，即便是再吃不了苦的孩子，也丝毫没皱眉头。大自然的风光吸引着每个人原始的灵魂，孩子们很快就爱上了这里。

郭子睿（石头）正往沙丘上爬呢，突然，天天一兴奋，把手里的沙子扔了石头一脸。石头的热情被这"突如其来"的袭击给扑灭了，他眯着眼，吐着沙子，艰难地抱怨天天干吗要扔他。

> 做天天的哥们儿
> 不能完全
> 顺着孩子

张亮听见这边的动静，大概看明白发生了什么，隔着老远，不停地喊天天的名字。他问天天为什么要扔石头，然后赶紧拉着天天去跟石头道歉。

张亮这次发火，的确不像他一贯开朗活泼的性格，可孩子犯了错误，家长一定要严厉地制止，告诉他这样做是错误的，并且要让孩子主动道歉。一味的宽容只会放纵孩子的错误，适当的警醒才能让孩子更加明白是非，控制自己的言行。

这对"兄弟"跟所有兄弟一样，不吵架那就是怪事了。越是亲密的兄弟，心靠得越近，而心靠得越近，便容易产生别扭、摩擦。

在湖南平江，孩子们发挥创意，给挑选来的小猪化好装，然后带着小猪踏上"战场"。在这片平坦的草原上，将进行一次小猪赛跑。规则是，必须让孩子自己完成，爸爸不可以出手帮助。

可能大家都没仔细听规则，其他四位爸爸都跟孩子一起牵着绳子把苦命的小猪往前带着跑，可天天郁闷得要命，因为他的老爸张亮像个没事儿人似的，完全遵守比赛规则，抱着双臂在后面淡定地看着，什么忙都不帮。

这个时候，王诗龄、田雨橙陆续抵达了终点。

第一次比赛之后，他们"兄弟"俩发生了一点儿口角。天天想要换爸爸，并天真地认为爸爸对自己来说"**个性不适合**"。张亮就问天天，他觉得哪个爸爸适合他。可能是经过了上一次在山东威海鸡鸣岛的

个性不适合！！！

相处，后来又在换爸爸环节中熟悉起来，天天随口说，觉得田亮更适合他。

张亮的心里还是有些失落的，为了一次比赛，至于吗？就这么抛弃你"兄弟"了呀？

那一次张亮没有妥协，没有哄天天开心。他用这种坚定的态度，其实是想告诉天天，在一场比赛里，输赢是其次，最关键的是，你要遵守规则，不能输了气度；其次你要靠自己去完成比赛，好好享受这个过程。

张亮在多数时候跟天天像哥们儿一样相处，可碰到严肃的事情，他从来不一味地顺着孩子。他曾经为了吃饭的事儿，特别严肃地给了天天一次教训。

那时候天天还在上幼儿园，在幼儿园的时候，他是个比较听话的小

朋友，吃饭时也很规矩。但一到家里，天天就会变得不听话，要么因为想玩游戏吃饭时间不定时，要么因为看电视吃得很慢，在家里总有一些外界因素分散他的注意力。

刚开始几次，张亮还会顺着天天的脾气来，他自己想怎么样就怎么样，可很快张亮就发现，这样下去不行，天天吃饭越来越拖沓，越来越不定时。于是，张亮开始想办法搞定这个吃饭不老实的小孩儿。

后来，每回吃饭，张亮就要扮演严厉的父亲，强制关掉电视和游戏机，让天天专心地吃饭。吃完饭后，再让他玩。天天如果说不吃了，那好，他可以不吃。但是过了这个时间的话，就不能再吃了。

有一次，饭已经在桌子上了。天天说："我待会儿再吃，我现在不太饿。"张亮对儿子说："现在是吃饭的时间。就得吃饭。你可以去看动画片，那我们现在就吃饭。"结果吃饭时，张亮把饭菜全都吃光了，这时候，天天看完动画片说肚子饿了。张亮回答："刚刚饭都吃完了。"天天就开始各种撒泼打滚地闹，但张亮还是不为所动。虽然有点儿残忍，但这能让他接受教训，养成一个正确的习惯。

第三节：了解孩子，跟他一起长大

懂孩子的爸爸才能成为优秀的教育家

其实张亮剋天天的时候，他心里真是一百个不愿意。平时跟儿子相处的时间本来就够少的了，在有限的时间里，他总是跟儿子一起玩儿，很少剋他，除非碰上天天犯原则性错误的时候。

当然，平时，张亮也还是有别的教育方式的。

比如在北京灵水村的那天。

以下为情景模拟：

张亮：村长会问咱们，谁有游戏机、谁有零食啊。

天天：然后，然后我会说，石头带游戏机了。

张亮：不要。

天天：呃——我偷偷地跟村长说。

张亮：男子汉不要做这种事情，这种事情让小女孩去做。男子汉不要做这种事情。（复读机模式再现）

天天：那不是男子汉的人就是调皮蛋。

张亮：嗯……对……

天天：做那种事的人是调皮蛋。

张亮：告密的事情是女孩子做的。

天天：嗯。

这是有关告密的一段对话。那一次，石头藏了游戏机，天天原本打算跑去告诉村长，张亮觉得这样做很不义气，不是爷们儿干的事儿，于是就跟天天说起此事。

其实平时在家里的时候，天天就总打张亮的小报告，他觉得把老爸做的这些小坏事告诉妈妈了，妈妈就会奖励他，所以当天天打算去举报石头的时候，张亮便打算制止他这个行为。

不过，张亮的制止方式则显得温柔许多。他用活泼自然的对话，轻松地让天天明白告密是一件不好的事情。**很多时候，天天做了不好的事，张亮总是会像哥们儿似的，平等地与他沟通，不会事**

先想一大堆大道理，然后全然不允许天天思考，便一股脑儿灌输给他。

除了用语言来沟通，张亮还有别的妙招。

在北京灵水村的一个晚上，夜里的乡村散落着几簇灯火，唱完歌的孩子们跟随爸爸回家睡觉了。

洗漱完毕，张亮爷儿俩倒在床上。张亮突然跟天天说，以后村长说集合，速度要快一点儿。天天不明白为什么要速度快一点儿，张亮想了一招，玩起了情景再现。

他让天天扮演村长，自己扮演天天。天天学村长说："集合了！"

然后张亮学天天做出一副很散漫的样子，完全对集合的口令不管不顾。然后张亮让天天再喊一次集合，这一次，张亮以很快地速度跑到天天面前站定。

张亮问天天，他觉得哪一种让人舒服？天天说，还是第二种比较好。

就这样，**张亮以一种毫无说教痕迹的方式，成功地让天天明白怎样体会别人的心情。**后来，天天每一回都是以超快地速度去集合，根本不用大人再催促了。

给所有孩子讲道理

张亮不仅喜欢跟自己的孩子讲道理，碰上别人的孩子犯错误的时候，他也会毫不避讳地加以提醒。他的父爱光环总是那么闪耀。

北京灵水村那次，孩子们将要组队去完成任务，石头和Kimi的任务是去找煮饭的锅。石头的表现特别好，很爽快地接下任务，并且以很快的速度找到了锅。

张亮夸奖道："哇，这个锅好大，你们两个好厉害哦。"打着石膏拿着水管帮忙冲洗大锅的石头赶忙说："这是我自己找到的！他（Kimi）没找！"张亮弓下腰一边刷锅一边说："没有，你们一起的。你们两个是团队，知道吗？你找到的就等于你们俩一起找到的，知道吗？"石头："唔……我第一个找到的大锅，我们俩，对吧。"看来，即便是别人家的孩子，张亮的沟通方式也一样很奏效。

张亮并没有因为石头是别人的孩子，就有所忌讳，当孩子的行为有不妥当的时候，他总是习惯性地给予正确的指引。他教育起孩子的样子，还真是挺有趣的。

爱小孩的好爸爸

张亮不但乐于跟所有小朋友讲道理，同样，他对每一个小孩都非常尽心。

湖南岳阳平江县的旅途中，节目组安排了换爸爸的游戏环节。张亮和王诗龄被分到了一组，成了这个小女孩的临时爸爸。

王诗龄很听话很懂事，不哭不闹还能卖萌逗乐，张亮带着她丝毫不费力气。睡午觉时，张亮哄好王诗龄，终于让她钻进了被窝。此时，张亮为她盖上了棉被，然后自己只是盖着外套就睡着了。

挖泥鳅时，王诗龄不小心摔倒了。情况虽然紧急，但张亮没忘记自己的手上很脏，先用稻草擦手后才去抱王诗龄，因为怕弄脏她的衣服，还特意用干净的手腕将她抱起来。对待别人的孩子，张亮也是十足的细腻贴心。

后来王诗龄摔倒在泥水里，裤子湿了大半截，张亮抱起孩子就往住所跑，忙着给她去换裤子。可能一般人觉得小孩子嘛，没什么隐私不隐私的，可张亮给王诗龄换裤子的时候，依然不忘记先用被子把王诗龄挡住，不让别人看见，换裤子前又在烤炉边给她把裤子烤暖和，引来王诗龄花痴般的幸福笑容。编导姐姐问王诗龄，张亮爸爸好不好？王诗龄欢喜地点头，眼里依然闪着幸福的光。

享受与孩子共同成长的过程

　　张亮虽然是个成年人，可内心充满了童真。儿子天天就更不用说了，时常天马行空、妙语连珠。平时在家里，张亮和天天在一起的时候，总是像孩子一样地打闹。

　　面对平常和自己一起玩的"哥们儿"爸爸，天天可谓畅所欲言，不用担心爸爸会突然翻脸，也不用担心爸爸会摆出一副权威的样子压制他。

　　张亮说："**我跟天天平时的关系其实就是这样的，大家看到的状态就是我们平时在家的状态。我觉得我应该是一个非常典型的80后的父亲。**我希望可以和孩子一起共同成长，我觉得我自己本身就是一个孩子，现在就是完全一步步的、不可预知未来的，跟孩子一起互动、成长，我非常享受这个过程。"

拉钩~　拉钩~

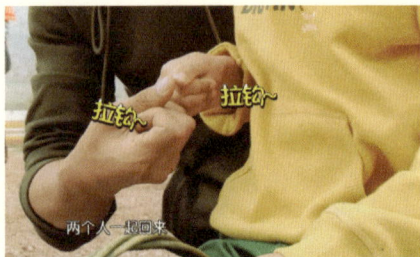

两个人一起回来

共存亡的队友法则

你他不要回来，知道吗

紧紧～
牵住♥

加油

跟孩子一起互动、成长，
我非常享受这个过程。

成长的过程中，总会出现各种各样的问题。天天父子走红以后，天天的粉丝迅速增多，就算走在路上，也会有很多人认出他来要求合影。这让张亮觉得有点儿担心，怕他小小年纪就会迅速膨胀，不知道怎么对待"走红"这件事情。

有了这样的担心，张亮便跟家人商量好，平时带天天出门的时候，不要让粉丝和孩子合影，不让孩子单独接受采访，不要让他觉得自己是个小明星。

在天天的成长道路上，张亮总是充当着一个称职的守护者的角色。他一面跟天天玩闹，让他拥有快乐的童年，一面又要转换成家长的角色，排除天天成长过程中的不利因素，可真是用心良苦。

父子俩的转变

天天在参加了节目之后，有了很大转变。从前，他很少和同龄小朋友接触，和张亮的朋友关系倒是挺好，张亮觉得他缺乏一些当哥哥的担当。而现在，天天知道自己是团队的二哥，每逢出去执行任务，他就主动说："我当副队长，和石头一前一后保护几个弟弟妹妹。"

在这个节目里，成长的不仅仅是天天，天天对张亮的影响也很大。为了更好地教育天天，张亮改掉了以前很多的不良习惯。包括吃饭的时候不剩饭，吃多少就盛多少。因为之前张亮有剩饭的习惯，天天每回总说，看我爸爸剩饭可以，那我肯定也可以。为了继续贯彻他的言传身教，他决定"痛改前非"，成为孩子的榜样。从生活细节上来说，天天对张亮的影响也挺大的。

在大众看来，妈妈承担了更多的教育和照顾孩子的责任。其实相比妈妈，爸爸在育儿方面也有不少独特的优势。比如，爸爸往往更像孩子，容易与孩子愉快地互动。同时，相比妈妈的慈爱，爸爸更鼓励孩子挑战困难，适度冒险。而在孩子哭闹的时候，妈妈往往急于安抚，而爸爸更具耐心，更能引导孩子学会自己面对问题，解决问题。

张亮一直在用兄弟的身份与孩子交流，用父亲的身份替孩子思考成长路上的方方面面。他虽然看上去不像一个爸爸，可他是最懂孩子的人，不懂得孩子的人，是不可能成为一个能教好孩子的好爸爸的。

天天：

　　六年前的今天，你从产房传出的一个哭声，我流泪了。你的降临让我第一次感觉到当爸爸的感觉。从开始为你换了第一片尿布开始，慢慢学习，今天你已经6岁了。在这六年的时光里，你带给了我任何因素都无法带给我的快乐。每一次工作，心里受到打击和挫折时，第一个想到都是你的笑容。当你给我开门的时候，一声"爸爸辛苦了"，我就像吃了一颗灵丹妙药一般，再多的疲惫也都烟消云散了。这六年里，我一直觉得我是最了解你的，你的脾气、你的习惯、你的一切想法。直到今天，我们即将结束的这六次突如其来的旅行，才认识到对你的了解我太过于自信了。

　　这六次旅行中，我看到你对陌生环境从排斥到慢慢适应，再到爱上享受这个过程，看到了你学会作为一名哥哥应有的担当、分享，照顾你的朋友。我们手牵手从细雨绵绵的江南，一路走到了白雪皑皑的童话世界。你的热情、细心与善良，感染着我，感染着我们身边的每一个人，你身上有太多的优点值得我去学习。

　　当你在大声喊"爸爸我爱你"的时候，我的眼泪一直都在眼睛打转，当你为了照顾我的感受保护张小马，当时跟我解释的时候，我真的被你打动了。在之前的30年里，我不曾想过我年仅6岁的孩子，会为了照顾我的感受紧张得束手无策。当你帮助你朋友的时候，我特别地自豪，现在，我觉得你是一个大孩子，你是一个真正的男子汉。

　　不管你以后走多远、飞多高，我们都是一辈子的好朋友，爸爸是你一辈子的坚强后盾。我努力，如何做一个好父亲是我一生最重要的课程。

爱你的爸爸：张亮

2013年11月28日

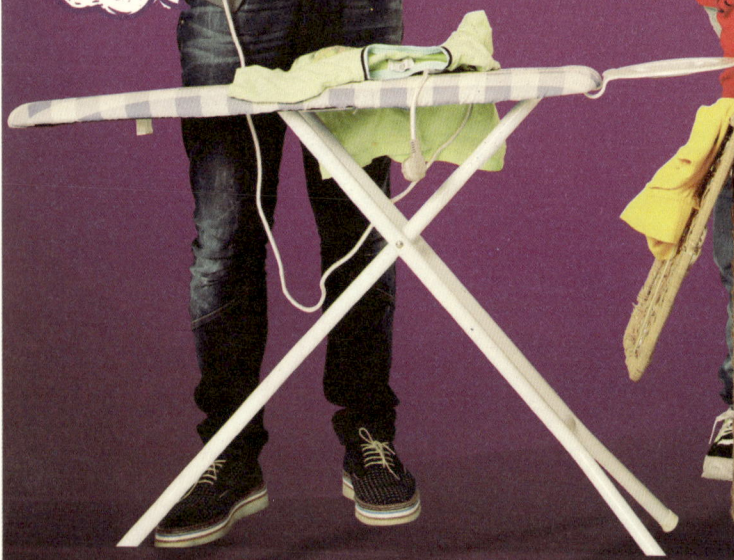

5

第五章

郭涛&郭子睿

纯爷们儿父子不流泪！

——六岁石头 独立自主第一名

当你被问起"爸爸爱不爱你"的时候，你说，有时候爱吧。

你的爸爸是个典型的西北爷们儿，他不够细腻，他有时粗暴。

所以每当你说起"父亲"这个词的时候，总感觉，有时这么近，有时却又那么远。

他粗糙的大手，最喜欢抚摸着你的毛茸茸的脑袋，那是在外忙碌的他，最柔软的慰藉。

你最渴望的，便是能让他温柔地爱护你。

你一次次让他快乐、感动。

这一次，他愿意努力做一个慈祥的父亲。

第一部分
真爷们儿的纯味道

第一节：顽皮石头，能量无限大

淘气钢铁侠

第一眼见到这个小名叫“石头”的男孩，就让人觉得，这孩子绝对不是“善茬”，被老爸弄醒了去做节目的时候，竟然还学会了谈条件：“除非带着iPad！”再仔细一看，这小子的右臂被绑上了石膏和绷带，想必他八成是个爱闹的男孩儿。

小石头大名叫郭子睿，他从小就是个很有冒险精神的阳光男孩，骑马、打冰球、踢足球样样涉猎，骑马甚至比爸爸还厉害！他喜欢骑自行车，每回都得挑战漂移之类的高难度动作，以致磕破腿、胳膊之类的属于家常便饭，在摸爬滚打中修炼成了名副其实的“钢铁侠”。

因为他的冒险精神，他受了不少伤。两三岁的时候，他在家附近的

护栏上玩，护栏中间有条铁链子，他满心好奇地朝铁链子一蹬，不承想，旁边的墩儿是铁的，铁墩儿立马砸到了他的腿上，造成了骨裂。前有骨裂后有骨折，受伤无数的石头如今是小区里出了名的"淘气钢铁侠"。

他的淘气之处还在于，即便受伤了，也丝毫不放在心上。石头带伤录制节目的时候，有编导问他："你觉得你最拿手的是什么？"石头眼睛眨都没眨一下便回答说："等我手好了的话，能抱180斤的大人！"全程参与节目录制的导演证实了这一点，小石头的确是大力士，初次见面就把总导演谢涤葵徒手抱了起来。

而在节目中，皮实的小石头简直就是儿时郭涛的小翻版：嗓门大、性子急，碰到任务总是第一个往前冲。

节目刚开始，石头就给摄像大哥一个"下马威"。执行任务的时候，石头的脚步很少有停下来的时候，总是不停地跑不停地跑，跟在后面的摄像大哥也只好追着他跑，可把摄像大哥给累坏了。

淘气的石头还特喜欢捉弄自己的爸爸。在北京灵水村他们住的房间里，郭涛想换条裤子，用布遮住了房间里的摄像机镜头。石头趁老爸已经把裤子脱了，就假装"威胁"他，要去把布给摘了。这不叫"坑爹"叫啥？看着郭涛的囧样，每个人的脸上都露出神秘的微笑。有这么个淘气包儿子，让郭涛的日子变得"惊险又刺激"。

淘气包的娱乐活动，自然也要有点儿特色才行。而石头的娱乐活动之一便是……放屁！

在北京灵水村的民宿里，郭涛正专注地整理着房间，石头就在一旁乐呵呵地放屁，后来还被喜欢他的观众封为"屁篓子"。石头放屁，放得惊天地泣鬼神，频率快也就罢了，放屁的时候还能对镜头摆出特萌的表情。他一度成为节目里最放得开的孩子。

直率纯爷们儿

淘气钢铁侠可不只是淘气，他还像金刚侠那样，有男子气概，不挑三拣四，什么事都乐意冲在前面打头阵。

晴朗明媚的这天，五个爸爸带着孩子们来到第一站——北京灵水村。在旅途正式开始之前，孩子们必须上交所有的玩具和零食，以保证大家全身心地享受接下来的旅行。

这个时候，有小朋友因为害怕新环境和不想上交自己的玩具而哭闹

孤独的身影
朝石磨勇敢地狂奔而去

就是那儿！

不容易
跌跌撞撞到达村委会！

不止，郭涛和石头这边儿却在默不作声地趁乱赶紧再吃一口肉。

郭涛拿出一片肉说："嘿，这肉好啊！"然后小石头立马就张口把肉吞进了嘴里，差点儿把他老爸的手指头给咬下来，真有大口喝酒大口吃肉的英雄豪气，只不过把郭涛给吓了一跳。

除了行事作风豪气，对于衣食住行，男子汉小石头也完全不挑三拣四。

大家抽签分完了住所后，石头跟着老爸走进了他们的新房子，那是一间民宿。刚走进这件民宿的大门，石头就开始非常享受地夸新房子特别好，即便农户家有动物的味道，他也不在意。

在北京灵水村的第一天，短暂的午休之后，代理村长李锐宣布了下午小朋友们的任务。石头和小小志Kimi分在了一个组，他们的任务是去找一口大锅。石头是五个小朋友里最不拖拉的，他见Kimi犹豫着不肯走，就有点儿不知所措。郭涛建议石头自己先去，石头说了声"好吧"便浩浩荡荡地出发了。带着大锅回来的时候，他特别骄傲地说："这个锅是我找的！"纯爷们儿办事儿就是这么痛快！

随着节目一集集播出，石头给我们带来的不仅是欢乐，还有许许多多感动。在他纯爷们儿的外表下，原来有一颗那么细腻敏感的心，原来他是那样在乎爸爸，原来他可以那么有担当，有勇有谋。正因为他办事儿很爷们儿，对待朋友的时候又特别细心温柔，其他四个小朋友都把他当成最可靠的大哥哥。

在后来去往湖南平江的路上，老爸们分别问其他四个小朋友，最喜欢队伍里的哪位小朋友，大家都说喜欢石头。Kimi说，石头会分享；天天说，不知道为什么，但就是喜欢石头。

这或许就是纯爷们儿的魅力吧，石头告诉人们，纯爷们儿不仅仅是说话办事不磨叽，还得对朋友好。这样的石头，颇具几分侠气。

第二节：
爸爸的温柔时刻

淘气包给予的感动

在湖南平江，换爸爸的时候，石头不哭不闹，静静地走在"新爸爸"王岳伦身侧，但是满脸担忧。问到他在担心什么的时候，他说："**我现在最担心Kimi**。"郭涛很多时候都显得有点直接粗暴，不够有耐心，平时对石头总是用特爷们儿的方式教育。石头知道Kimi还小，而且是个"爸爸控"，他害怕Kimi会惹怒自己的老爸郭涛，而老爸也会像平时对待他那样对待Kimi。可见在石头心里，老爸是很有"杀伤力"的。

虽然淘气的小石头时不时惹得郭涛吹胡子瞪眼，但这个外表有些莽撞粗线条的小子，心里却有着与外表不太匹配的细腻。这种细腻往往是最打动人的，郭涛就曾为儿子石头三度当众落泪，尽显严父柔情。

第一次是在云南普者黑录制的那期节目中。那天，当地居民特别准备了"抹黑礼"作为表达对远方来客的欢迎。当郭涛"一脸黑"地回家后，石头竟主动要求帮爸爸洗脸。小石头用胖嘟嘟的小手仔细地为爸爸擦拭着脸上的炭灰，尽管脸上最后仍留下了"三道杠"，但接过儿子的毛巾时，镜头依然捕捉到了郭涛这个西北汉子感动的泪水。他说："当时那个瞬间，我就是被融化了，很难用语言来表达。这孩子很懂事，长大了。"

石头给郭涛的意外惊喜，远不只这一个。在宁夏沙坡头那期节目中，"村长"李锐对石头进行了"大拷问"。尽管他吐露出了"**爸爸凶我的时候可能不爱我吧**"的疑虑，但在被问到最想对爸爸说的话是什么时，石头还是很坚决地说："爸爸，我爱你。"听到儿子爱的告白，郭涛这个曾经羞于在镜头前落泪的纯爷们儿再次湿了眼眶。他说，作为一个父亲，我能听到孩子从心底中说出的这句话，无疑是最幸福的事情。

在结束对几个孩子的"拷问"后，各自回家的路上，郭涛父子俩有了一次交心的对话。郭涛："爸爸是不是有时候对你太严厉了？"石头点头。郭涛："那你知道爸爸爱你吗？爸爸一直都很爱你的啊。"石头："知道。"郭涛："那你爱爸爸吗？"石头使劲地点了点头。这对西北汉子组合，对话不像别的父子那样细腻，可简单的语言能深深地钻

"爸爸，我想吃你做的蛋炒饭。"
"那你一会儿得好好表现。"

进人们的心里。

　　这个厨艺不佳只会做方便面和蛋炒饭，偶尔还有一点凶的老爸就这样轻易"俘虏"了儿子的心。作为对儿子的感谢，郭涛在微博上也写下了对儿子的告白："我很幸运得了个儿子，并能经历和陪伴他成长。虽然他不是娱乐圈的人，但你们已经认识了他。他叫石头，今年六岁，目前上小学一年级。我很爱他，他爱蛋炒饭，从今天起，我会经常说爱他，像他如此爱蛋炒饭一样。希望你们也是，如此爱我们。"

赶时髦做一回慈祥老爸

　　经历了换爸爸环节之后，郭涛也开始反思自己的做法，为什么对别人家孩子可以那么温柔有耐心，却对自己的孩子不够那么细致呢？自己这些年来，是不是真的亏欠了儿子不少东西呢？

　　其实郭涛并不是那么凶的爸爸。在云南普者黑的时候，石头突然尿急，却不会解裤子，请编导姐姐帮忙的时候，他说他快尿出来了，郭涛赶紧让儿子快去厕所。可到了厕所，完蛋，还是尿在裤子上了！

　　石头毕竟已经六岁了，这回当着这么多人的面尿裤子，他心里特别尴尬。从厕所出来的时候，他满眼都是惊慌，害怕爸爸又要批评他，都不敢接近爸爸，直说想要换一下裤子。

　　郭涛明白儿子的心思，对于平时男子汉作风的石头来说，尿裤子特别丢人。郭涛没有像平时那样剋他，只是赶紧跑过去给他换裤子，还依照他的要求关上门。吃饭的时候，郭涛还特调皮地问石头，屋子外面挂着的裤子是谁的，为什么挂在这儿，弄得石头一脸羞涩。其实，这对父子还是很会开玩笑的。

　　多以严父形象对待儿子的郭涛曾经因为对儿子太凶，被网友给数落

过一次。跟儿子一起完成这么多任务之后，郭涛对教子很有感触，时常反省自己是否太过严厉，自己老是让小石头当大哥哥是不是也是一种不公平。特别是听到了石头的真情告白"希望爸爸不要那么凶"之后，郭涛便开始思考如何成为一个"慈祥的爸爸"。

之前还只是用蛋炒饭攻略，用锁住石头的胃来赢得石头的心，渐渐的，郭涛已经明显改变。在前往东北牡丹江雪乡的路上，郭涛叫儿子起来别睡了，石头不耐烦地说："我说到了再叫我！"换成以前，郭爸爸早就黑脸了，可这回，郭爸爸乐呵应对，还从积极地角度看待这件事，感叹道："有意思啊，你还挺有个性！"

不仅是语言上做出了改变，郭涛还会花许多时间陪伴儿子。

石头打小就精力旺盛，为了帮助他消耗掉过剩的精力，超级有耐心的爸爸郭涛一有时间就陪他打冰球、踢足球，更是甘当小石头练拳的"活靶子"。更令人想不到的是，平时粗线条的郭涛居然还会亲手为小石头打造发型。每次节目开拍之前，他都会拿发泥或者小发胶给小石头抓出一个时髦的造型来。

当小石头弄得满身是泥时，他会细心地帮他擦拭黢黑的小手；小石头尿裤子时，他会冲他使出坏坏的眼神；小石头表现优秀时，他会奖励他一个爱的拥抱；小石头练拳时，他会甘当他的活靶子……这位在镜头前不擅

表达情感的西北汉子，甚至几次为小石头当众洒泪。虽然他笑称，自己流的都是鳄鱼的眼泪，但我们可以从中读到一个父亲柔软的心。

在最后一期收官之旅中，爸爸们照顾孩子睡觉之后，编导组递上任务卡：请爸爸给自己的宝贝写一封信。这是《爸爸去哪儿》自开播以来让爸爸们最不紧张，也最温情的一个任务。

接到任务以后，在温馨的灯光下，孩子在身边睡着，爸爸们开始给孩子写信。张亮感慨："从来没给儿子写过信，就当写一封小情书。"而田亮也表示："从来没有用这种方式表达过自己的感情，希望有一天也能收到一封女儿写给自己的信。"

根据节目组的任务规则，五位爸爸除了给各自的宝贝写信以外，还要将信的内容读给孩子听。

给儿子的这封信，郭涛写得十分认真，当夜写完之后，他久久不能入睡。在接到导演组要求爸爸读信给儿子听时，郭涛调侃："你们湖南台就是用煽情来给我们挖陷阱吧。"可是当自己真的读信时居然忍不住泪流满面，"我再比较理智地念一遍吧，我觉得这有点太过了。"对于有着传统观念，信奉男儿有泪不轻弹的他来说，实在不太好意思让观众看到自己在镜头前流泪。

如今，小石头越来越黏这个只会做泡面和蛋炒饭的老爸了。他不仅将那个原本只属于妈妈的"陪做作业"的专属权转交给了爸爸，而且每次爸爸出门，都会拉着爸爸的大手说："爸爸，去哪儿啊？可以跟你一起去吗？"他甚至偷偷跟记者说，他最爽的事情是爸爸生气时会咬他的屁股。哈哈，对于小石头来说，爸爸所做的一切都是爱他的表现吧。

第三节：
呆萌石头很机灵

眼明手快，行动力超强

孩子们到达北京灵水村之后的第一个任务，便是寻找食材以及烹饪工具——大锅。石头和Kimi被分在了一组，他们的任务便是寻找那只煮饭用的大锅。

年龄比较小又特别黏爸爸的Kimi被这个崭新的环境给吓坏了，死死抱住爸爸，任石头怎么安慰他，都不愿意跟石头一起去执行任务。大人们都劝Kimi跟哥哥一起去，可Kimi实在是无法与爸爸分开。石头在一旁劝了很久："不怕，不怕。"可似乎一点儿用处都没有。

石头是个急性子，面对这个小弟弟缺乏一些耐心，在一旁大呼：**"我的天哪，怎么办呢。"**老爸在这个时候给石头支招了："那你自己一个人去。"石头心想，这倒是痛快，他没有再劝Kimi，拖着受伤的手臂，毫不畏惧地朝坡下疯狂奔去。

此时，第一个目标"石磨"已经在不远处静静等待石头的到来了，石头的行动速度可苦了扛着笨重机器的摄像大哥。石头一路跑，一路问旁边的阿姨："石磨在哪儿？"在阿姨的指引下，他又是一阵狂奔，看见不远处有一个黑乎乎的东西，眼睛一亮，立马跑了过去，迅速拿到了下一个目标的指引卡。

指引卡上是一个小卖部的照片，石头很快找到了目标小卖部，走进店里，他用非常清晰的语言表达了自己的需求，阿姨也特别热情地拿出第三张指引卡。

第三张指引卡上是村委会的照片，石头立马问阿姨："这个上边儿要怎么走啊？"与石头相比，阿姨的语言表达真是令人着急，石头虽然没听明白阿姨的指引，但他还是相信自己的直觉，再一次迅速跑了出去。

依旧是一路问一路跑，丝毫不害羞，也不担心自己会不会摔跤。面对任务，石头表现出超强的行动力，当别的小朋友都还在摸着石头过河的时候，他已经到达最终的目的地，找到了他需要的大铁锅。

不知道路就大方地请教路人，听不懂路人的语言便壮着胆子往前探索。**别看石头长得呆萌呆萌的，可办起事儿来毫不含糊。这种勇敢与大方，大概只有在郭涛家这种放养的环境下才能培养出来。**

小石头，情商高

小石头可不是一个空有一身蛮力的"莽夫"，很多细节都能看出，他特别会运用技巧来达成目标，最为明显的便是在爸爸郭涛发火的时候。

前面几集当中，石头行事不太小心，时常闯些小祸，郭涛经常不得不使出自己犀利的眼神加以提醒。其实郭涛这样做也是心系儿子。

石头其实知道自己闯祸了，几乎每次在闯祸的第一时间就想到了这样做的后果有多么严重，所以，平时很爷们儿的石头，在这个时候总会开始使劲地撒娇。他觉得，老爸一看到孩子撒娇，应该就不会很生气

了。可惜呀，郭涛才不吃这一套呢，总是特别严厉地批评石头。

起初，队伍里Kimi闹别扭的时候挺多的。第一次，大家来到灵水村，Kimi就有些怯场，躲在爸爸身后不肯执行任务。石头见Kimi是个有些羞怯的小弟弟，便采取温柔攻势，安慰他不要怕，可惜失败了。

面对同伴，石头总是采取温柔的方式对待，在节目里从

来没跟哪位小朋友发生过争执，即便有不愉快的时候，他也特别有大哥哥的作风，从来不计较。

后来的一次，在云南普者黑，王诗龄、石头和Kimi分在一组完成任务。石头跟王诗龄手拉手，特别开心地去找他们的队友Kimi。走进Kimi住的小院，一开始还大嗓门儿直嚷嚷的石头得知Kimi还在睡觉，立马转换成气音说话。体贴他人之心，让人觉得这个小孩很温柔。

他知道Kimi比较"难搞"，就让王诗龄在下面等着，自己上去叫Kimi。王诗龄也想去，石头很尊重王诗龄的想法，并且跟她商量好，要她说话小点声儿。

上了楼梯，走近Kimi的房间，Kimi果然还在被子里睡得熟熟的。林志颖要他们想办法叫醒Kimi，石头走到Kimi床前，轻轻碰他的小脸，还发明了"Kiki"的爱称。

　　古灵精怪的石头很清楚，用一般的方法叫醒贪睡的Kimi是没用的，于是他一会儿卖萌一会儿讲道理，变换多种策略，终于把Kimi给弄起来了。

　　后来Kimi知道又要跟爸爸分开，有些生气地让石头离开。石头丝毫没有动怒，他体谅Kimi的心情，只是淡淡地说："得走了。"

　　爱护比自己幼小的人，在石头心里，是一件再正常不过的事。后来在牡丹江雪乡也是如此。当大人们忙着包饺子的时候，孩子们便在一旁玩游戏。第一局，王诗龄就被淘汰了，为了让王诗龄不至于落单，石头便宣布新规则："**女孩子有很多很多的机会，男生只有两次。**"他"解救"被淘汰的王诗龄的时候，还不忘记给身为男孩子的同伴"铺后路"，大家一起玩才能高兴。

　　细心的人可以发现，在五个小朋友里，石头一直都起到了"黏合剂"的作用，有他的地方，小朋友们都不会感到孤单、难过，都能很团结的玩儿在一起，这便是情商高的表现。

爷们儿就是得像石头般坚强

　　石头是实至名归的纯爷们儿。他有责任心，做事果断，小小年纪就曾干过让老爸都为之佩服的事儿。

　　参加节目之前，石头的手臂不小心摔断了。石头摔伤的时候，妈妈李燃不在身边，郭涛也正在外面拍戏。

　　有天下午，郭涛刚结束一场戏，正在场边休息的时候，突然接到一个紧急电话。得知宝贝儿子小石头的手摔伤了，他二话没说，立马请假赶到医院。

　　石头没有太哭闹，只是一直喊疼。从剧组赶回来的郭涛完全忘记自己的疲惫，只觉得特别心疼。他抱起儿子坐在病床边，温柔地询问儿子疼不疼，怎么把手给摔伤的。这个时候，医生过来了，该给孩子接骨疗伤了。

伤在孩子身上，疼在父母心里，这话可真没说错。医生虽然已经很小心了，可看着石头疼得小脸惨白的样子，郭涛还是觉得心在滴血。

目睹完医生把小石头的手臂接好再打上石膏的过程之后，他的脑袋依旧一片空白，甚至感觉很无助，仿若有一种爷儿俩相依为命的感觉。

石头打完石膏后，郭涛接到经纪人的通知，必须去赶一个发布会，因为所有人都在等着他。

听见爸爸有工作上的电话，石头的眼里含着泪看着爸爸，他哭着希望郭涛别走，说："爸爸，我好痛，你别离开我。"那场面，郭涛大概在戏中是无法感受得那样真切的。那头，自己有不能耽搁的工作；眼前，儿子苦苦哀求让他非常心疼。无论这事儿落到谁身上，都是一次内心的折磨。

但郭涛在安慰了儿子之后，依然咬牙走了，那一瞬间，郭涛觉得自己非常残忍。离开前，郭涛紧紧抱着胳膊上满是绷带的石头，生平第一次面对镜头流下了眼泪。

后来，《爸爸去哪儿》的录制很快就要开始了。石头骨折了，还参加不参加这个节目？这是摆在郭涛面前的一大问题。

起初的两天，石头的手疼得厉害，晚上甚至疼得睡不着觉，坐在床上哇哇大哭。郭涛再次陷入两难的境地：一面是对节目组的承诺，一面是儿子的伤情。

郭涛的内心无比纠结，等到第三天，石头的状态有所好转，他轻轻用手碰了碰石头尚未消肿的右脸，试探着问："你都这样了，这个节目咱们还上不上？"他几乎已经做好跟节目组道歉的准备了，不承想，小石头竟然说："**既然答应了，我们就还是去吧！**"石头的回答令郭涛既意外又骄傲。

做好随时会第二次骨折的准备，郭涛带着小石头如期参加了节目的录制。在节目播出前，他在网上发表了一篇图文并茂的长微博，他这样写道："不是18岁成人礼的那一年，也不是结婚娶妻的那一天，而是从当我成为父亲的那一刻开始，2007年2月的一天，我终于迎来了属于自己的这一刻。谢谢你，我的儿子，感谢你让爸爸真正成熟长大……"

这样有责任心、能忍耐、识大体的小爷们儿，换成谁都得特别佩服，何况他才六岁呢。郭涛正是在儿子的感染下，有感而发说出了那些话。儿子的担当让他觉得钦佩，每一个爸爸大概都会因为儿子而变得更加成熟吧。

在节目中，石头的右臂活动非常不方便，洗澡的时候得把右臂高高抬起才行，可他还是很积极地帮爸爸拖箱子。在节目里，跟弟弟妹妹出去执行任务的时候，能提的，他来提，能帮的，他来帮。后来，石头手上的石膏取掉了，他像是根本不曾受过伤似的，展现着他大力士的本色。他用这种方式来让大家放心，大家不用对他特殊对待，因为爷们儿就得这么硬气才对啊！

第四节：大哥哥总是护着小崽子们

最勇敢的领头羊

在节目中，小石头简直就是一个带头大哥，也有人说他就是"护着鸡仔们的母鸡"，特别有大哥的范儿，习惯教导比他小的小朋友。他经常教育别的小伙伴"自己的事情要自己做"。第一次在北京灵水村看房

　　子的时候，其他几个小朋友欣喜地趴在电视前面看。他大哥范儿的性子又一次让他走上前去，在一旁好心地道了一声："别离电视太近，眼睛会看坏的。"那副煞有介事的小大人模样令人忍俊不禁。

　　随着节目的推进，越到后面石头越有担当，像个大哥哥。**他始终觉得自己是五个小朋友的领头羊，是老大，所以他凡事都护着弟妹们，时刻陪伴在大家身侧。**

在山东威海鸡鸣岛上，孩子们出现在隧道口，目及之处，全都是一片浓浓的黑暗。大家簇拥在一起，时而忐忑时而快速地前进着。女汉子田雨橙都怯场了，拉着最信赖的石头哥哥说："石头哥哥，我害怕，你可要保护我啊！"

五个小朋友被这一路的漆黑和时不时传出来的怪声音吓得往前猛窜，摄像大叔叫他们慢一点儿，他们也完全顾不上，只希望快一点儿看到光明。

石头很敏锐地发现了第一个宝物，率先冲过去打开来，是一大盒荧光棒！他立马叫来小伙伴们，胆小的Kimi不敢靠前，石头就打开荧光棒的灯，替他排解恐惧。当别的小伙伴都沉浸在见到宝物的欣喜中时，石头没有忘记要把宝物带回去给村长，便主动地抱起了那个硕大的盒子，带领大家继续探险。

到了一个洞口，胆小的王诗龄站在最外面，知道还要往里头继续走，吓得直掉泪，就连一向勇猛的田雨橙也急得赶紧问摄像叔叔要手电。天天之前还一直在吓唬别的小伙伴，这会儿自己也"蔫儿"了，鼓动石头先走。

这个时候，摄像叔叔对石头说："石头，你先走。"石头二话没说就答应了下来。拿着手电的田雨橙朝洞里走了几步，还是不敢继续前进。石头好不容易从后面挤上前来，大喊一声："跟我走！我不害怕！"然后就走到了探险队的最前列。为了给大家鼓舞士气，他还大声说："**你们哪有那么大惊小怪的呀。**"

这一次，石头再次展现出自己过人的行动力，又是他第一个发现"宝物"所在。

天天放下之前抱着的大箱子，接过那只篮子。为了让天天拿轻一点的东西，石头豪气地抱起了大盒子，跟在大家后面往回走。

在旅途的最后一站牡丹江雪乡，往常都是爸爸"主外"孩子"主内"，可这一次，节目组颠倒了顺序，需要让孩子们成为主力队员，去茫茫雪地寻找他们晚餐需要的蔬菜。石头在寻找蔬菜的路上，再次展现出过人的组织能力。

小朋友们出发的时候，天色已经暗了下去。树林里黑漆漆的，两旁光秃秃的树枝让小朋友

自己的事情
要自己做！！！

们感到莫名的恐惧。那天的雪依然很厚，孩子们一脚踏下去，能没掉他们的小腿。**石头个子最高，他见弟弟妹妹们行走困难，便走到最前面，用自己的双腿为后面的伙伴们开道。**那股势如破竹的气势，就连厚实的积雪也要畏惧三分，纷纷让出路来。

走了一段路途之后，他们终于找到了装着蔬菜的篮子。小石头又充当起队长的角色，安排大家拿上篮子，又担心在这里久留会遇到危险，便用焦急的语气催促大家动作快一点儿。最终，在石头的带领下，孩子们带着蔬菜安全返回了他们的住所。

他的勇气，他的天不怕地不怕，总是能在伙伴们最脆弱的时候，给予大家最大的力量。当大家终于走出雪地，重新见到等待已久的爸爸们时，他们的心里其实早就印下了一个最值得依靠的名字：石头。

最贴心的小哥哥

宁夏沙坡头，沙漠一望无际。五组家庭靠自己的努力搭好最后一顶帐篷，顺利地在这广袤的沙漠里扎营休憩。

住的地方搞定了，接下来当然就是要解决肚子的问题。忙活了一阵，大家都有些饥肠辘辘。五位爸爸不管会不会做饭，都有了自己的必杀技，郭涛的必杀技便是——方便面。

石头特喜欢吃方便面，这一回跑到沙漠里来，他们父子只买了八包方便面。郭涛正烧着水呢，天天跑了过来串门儿。石头有些小得意地说："我可以吃方便面了！"天天站在一旁看着，也有些嘴馋，便问："你能不能也给我送一点儿方便面？"石头没有多犹豫，但也考虑到这是他和老爸两天的干粮，于是便说："我可以给你一包。"

虽然这是他特别喜欢吃的东西，同时也是父子俩两天的食物，但石

必杀技
——方便面

头还是不忘从有限的方便面里，匀出一包给天天。

这天夜里，村长邀请小朋友们完成一个神秘任务。一听到是神秘任务，五个小朋友满怀好奇地围了过来。村长说，他们得靠自己，找到目的地，并且要选出一个队长和一个副队长。

天天很快就自荐成为副队长，当然石头也很积极地自荐成为队长，他保证会照顾好弟弟妹妹们。

任务开始了，王诗龄颤抖着声音问："我们还会回来吗？"石头一改平时的粗线条作风，特别温柔地弯下腰安慰妹妹："不怕，会回来的，哥哥带你走。"

夜色中，五位小朋友向着沙漠深处进发了。他们要经过一个小坡，年纪小的孩子们上不去。石头身形敏捷，两下就爬了上去，他注意到身后的弟弟妹妹，又站在半路上，把他们一个个拉了上来。他时刻不忘记自己是哥哥，总是走在前面，用灯光为弟弟妹妹们引路。

弟弟妹妹们害怕了，他便安慰道："不怕啊，有哥哥在呢。"很快，他发现用荧光棒铺成的彩虹路，他大喊一声"彩虹！"分散了大家的注意力，缓解了紧张的情绪。走了一段路，他回过头来问："**有没有掉队的小朋友啊？**"那副小大人的样子，真是让人感到钦佩。

自从知道自己是哥哥之后，石头的责任心特别强，遇到困难危险，他总是自觉地走在最前面。弟弟妹妹怕黑怕高，他就给大家打头阵；弟弟妹妹提不动东西，他就发挥自己大力士的本色，通通接过来。

有担当，又细心，这样的石头成了小朋友们最为信赖的小哥哥。

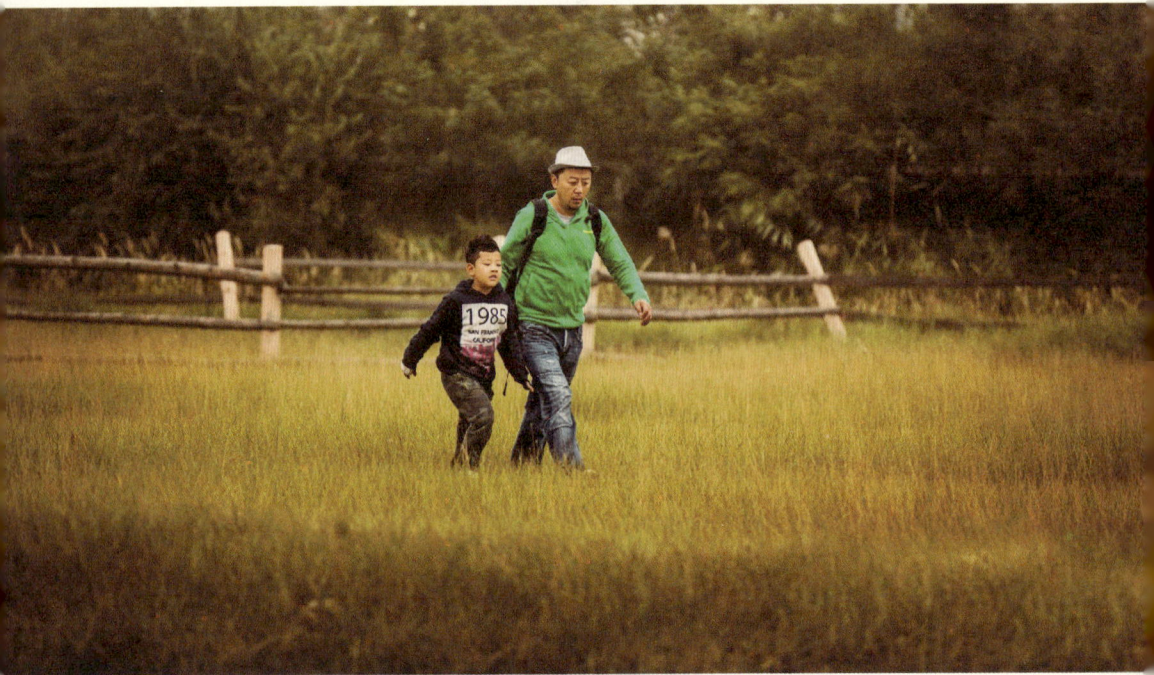

第一节：
初为人父的喜悦

2007年，郭涛收获了人生中最重要的两部作品——电影《疯狂的石头》和他的儿子小石头。

那段日子，郭涛整天整天地泡在剧组，为了新作《疯狂的石头》忙碌着，有时时间特别赶的时候，就瞎对付几口饭便接着拍，特别辛苦，很长一段时间都不能回家，只能每天在电话里询问老婆和孩子的情况。老婆挺着大肚子待在家中，虽然身体时常不舒服，但也知道郭涛在剧组有多忙。她不想让忙碌的郭涛再为自己和宝宝分心。

很快就要到预产期了，郭妈妈的肚子闹得厉害，精力充沛的小石头像是等待了许久，忍不住想跑到外面的大千世界好好地玩耍一番。郭妈妈每天都会摸着自己的肚子轻声安慰儿子：儿子，你别着急，你爸爸马上就要回来了，他到外头给你挣钱去了。

那一年的二月二十五号，也就是石头出生的前一天晚上，郭涛推掉了所有工作，待在家里陪老婆。这是他人生的第一次，跟老婆两人都兴奋得睡不着觉。这一夜显得特别漫长，艰难地折腾了一晚上。第二天早上，两口子六点多就起来了，然后就走到了产房的门口，去隔离区换手术服。

郭涛虽然很爷们儿，但是他有些晕血，不敢进去陪产。老婆躺在担架上被医生送进去以后，郭涛就一直魂不守舍的。

他当时为了缓解自己的紧张，还努力嬉皮笑脸地跟别人聊天儿，其实他的心思已经全在产房里了。

儿子诞生的那一瞬间，初为人父的郭涛完全没有反应过来。一个大夫走出来，把襁褓盖儿打开，对他说，男孩儿，母子平安。说完就抱着孩子走了。他一蒙，心里在想：怎么不让我看一眼就抱走了？

他愣在原地，整个人都觉得眩晕，脑子里一片空白，感觉一点都不像当爸爸，因为这一切实在是太不真切了，恍若在做梦似的。

晚上直到所有的亲朋好友都走了，他看着小石头干干净净地躺在那里，忽然有了当爸爸的感受，站在一旁，眼泪一滴滴地往下掉。

郭涛仔细地端详着自己的孩子，心里还特别戏剧化地想着：**这小子千真万确就是我儿子，绝对不会错。就算万一抱错了，我也肯定能立马找到他。**

儿子的出生给郭涛带来了好运，那一年，《疯狂的石头》火了，火遍了全国，成了他事业的关键转折点。为了将这种好运延续给儿子，他给儿子起了个小名叫作"石头"，希望他能像石头一样坚韧成长。如今看来，小石头没有辜负爸爸给他起的这个名字。

第二节：
爸爸凶起来真吓人

爱瞪眼的老爸

　　**郭子睿大概因为总是被人叫"石头"，所以真的像石头
那样坚韧，每天都有无穷的精力，这也让他老爸感到非常
困扰。**

　　面对如此"奔放"不受控制的儿子，郭涛发现，有时候对他太哥们
儿了也不成，否则"他就要骑在你的脖子上拉屎了"。

　　六岁的孩子在中国的俗语里头，是狗都嫌的年龄，狗都嫌弃他。第
一期节目里，石头把那只无辜的小狗都给玩儿蔫儿了。真的，他的精力
太过旺盛了，有时候郭涛不得不恶狠狠地瞪他一眼以示警醒。可你白他
一眼，吼一声，也只能让他安静五分钟。

　　在北京灵水村的第二天，大家一整天都在忙着执行任务。到了夜
里，还有最后一项任务需要完成，那就是爸爸和孩子要一起演唱《走在
乡间的小路上》。

　　这个任务中午的时候就布置下来了，午休的时候，小村庄里的喇叭
还唱起了这首歌，供大家学唱。

　　村长问大家谁要第一个来唱的时候，石头这次表现得不太爷们儿，
躲在爸爸身后，一脸害臊地说自己不会唱。王诗龄在演唱的时候，石头
像是想要躲过众人的目光似的，跑到房子后面玩儿了起来，其实根本就
是心不在焉。

　　石头在之前的环节中消耗了太多体力，此时的他觉得很累，真是不
想再唱歌了。郭涛当时有些恼怒，便压着气走到屋后，笑呵呵地问石

头：你在干吗呢，该你唱歌了。石头依然不说话，扭捏逃避的样子让郭涛真的怒了。

　　就在石头装作去查看门外有什么动静儿的时候，郭涛一狠心，把石头推出门去，并关上了门。任凭石头在门外哭喊，他也丝毫不理会。

　　回家时走在漆黑的小路上，郭涛紧紧地牵着儿子的手。发完火，他觉得还是该跟儿子讲清楚自己为什么发火，便告诉石头，以后有什么想法，可以说出来，他已经是大孩子了，是可以跟大人沟通的，不要选择逃避，不需要扭扭捏捏，那样不好看。石头思索着爸爸的话，点了点头。

　　后来在山东威海鸡鸣岛，爸爸们邀请当地的老人家共进晚餐。等着吃饭的时候，石头总是要脱衣服，郭涛不让他脱，石头大喊道："热！"郭爸爸怒了，瞪着眼睛问："干吗！"石头立马蔫儿在爸爸身边。

短暂的屈服不代表打心底里臣服，石头虽然听从爸爸的话，老老实实地去帮忙干活，但是到正式吃饭的时候，又闹起了别扭。

老爸在外面喊："石头，吃饭了！"石头躲在屋里说："我不吃！"郭爸爸立马用犀利的表情警告道："这是第三遍，出来吃饭了。"石头见情况不太妙，便立马起身出去。可没多久，父子俩又在吃不吃鱼上打起了拉锯战。

"高潮"紧接其后。石头不肯老老实实地吃饭，在一旁蹦蹦跳跳。郭涛说："你要是跨出这个门就永远都不能进来了。"石头反击道：**"这又不是你的门！"**

这下子，整个空气都凝固了，石头这回是死活都不肯靠近爸爸了，虽然他嘴里说：**"你就不能让我自由玩儿会儿吗！"**但是心里已经害怕得很。

在前面的几集中，郭涛觉得顽皮的儿子必须得用父亲的威严才能控制得住，所以时常用"瞪眼"等严肃的表情来"制服"儿子。爱瞪眼的老爸因此也被大家熟知。

老爸大爆发

郭涛对石头最严厉的一次还数在山东威海鸡鸣岛上那次。那天第一天到鸡鸣岛，夜里，郭涛领着儿子回到了他们的住所。晚上大概是吃咸了，又很久没喝水，石头倚在窗边要水喝。郭涛把矿泉水递给石头，便走到外屋去收拾东西了。

石头喝了一口，那叫一个爽快，他突然想拉一拉被子，便把水瓶放

在床头，可他没想到那个瓶子也太不稳定了，手刚离开，瓶子就倒了，三分之一瓶的矿泉水咕咚咕咚地洒到了床单上、被子里。

石头的心里顿时有一万匹草泥马滚滚跑过，怎么办，要是被老爸发现了，还不得被他用犀利的眼神给杀死？

几乎是凭借着本能，石头奋力地拉扯着被子，掩盖自己的罪行。可他转念一想，马上就要睡觉了，老爸迟早得发现，与其让自己处于被动地位，不如主动承认错误换得原谅。

他立马转换卖萌模式，走到外屋爸爸身后，语调俏皮地说："我每次都要遇到洒水，又撒到被子上了。"

郭涛一听，立马启动黑脸模式。今天的任务已经把他累得够呛了，可石头到了临睡前还整这么一出，这不是逼着人发火吗？他伸出手臂，严厉地指着郭子睿："你今天闯祸已经闯得够多了啊。"石头心里七上八下，听老爸语气这么冷，这下连看老爸的眼睛都不敢了，连忙抱着爸爸的食指说："我知道我知道。"

郭涛可不吃这一套，老爹生气了，后果很严重，懂不懂！

"你能不能
不要总是说
低级低级低级！"

　　他走到床边掀开被子，一抹床单，湿了一大片。他揪着床单质问儿子："这么湿还怎么睡？！你能不能不要总犯这么低级的错误！"

　　郭涛很生气，只能不停地用"低级"二字表达自己对儿子行为的不满。石头心里可委屈了，到最后实在忍不住，就弱弱地说了句："你能不能不要总是说低级低级低级！"

　　郭涛这次对石头确实有些过于严厉，这招致了不少网友的批评。事后，郭涛也因自己当晚的过激表现向网友们表示道歉。其实，他也是希望孩子能成熟一些，不要总是这么顽皮。

　　事实上，郭涛并不是人们想象中那种只会"动粗"的严爸。他自爆在小石头的成长过程中，自己只轻轻打过小石头一次。当时小石头在外婆面前出言不逊，表现得很没有礼貌。郭涛觉得，不尊重老人是个非常严肃的问题。在犯一些原则性的错误时，必须让他感觉到爸爸的权威，让他意识到这样做是不对的、不可以的。

所以那一回，郭涛用脚轻轻地踢了一下小石头的屁股，并勒令他好好反省，否则就把他关在小黑屋里。小石头的眼泪立马就哗哗地流出来了，然后在爸爸的教育下乖乖地跟外婆道了歉。

无论是拉黑脸，还是使出犀利的眼神，抑或是唯一的一次"踢腿神功"，其实都只不过是郭涛对儿子表面严厉实则温柔的小惩罚罢了。要他真正打儿子，他说："怎么舍得呢？"

第三节：
孩子在合理的批评
与鼓励中长大

大棒可以有

在传统的解释里，"胡萝卜加大棒"指的是一种奖励与惩罚并存的激励政策。它来源于一则古老的故事：要使驴子前进，就在它前面放一个胡萝卜或者用一根棒子在后面赶它。**但在郭氏理论中，"大棒"就是略显严厉的"糙养法"，"胡萝卜"则约等于爱的奖励。**

在小石头的成长过程中，郭氏夫妇将"糙养"理论执行得相当到位。在节目中，小石头永远是那个最爱动最爱跑也最喜欢上蹿下跳的一个。有次摄像大哥跑过来问郭涛："涛哥，你儿子跑得太快了，我实在跟不上，他平时就这么跑吗？"郭涛说："对呀，平时就这么跑，登高爬低的，在外面跑回来浑身全是泥跟土，回来就得换衣服的那种。"

小石头这种在大自然里奔放的能力正是郭涛贯彻糙养模式的一大成果。身为北方汉子，郭涛一直觉得现在的孩子住在钢筋水泥里，缺少阳刚之气，与大自然互动的能力也很差。所以，他从小就有意识地让小石头生活得原始一点儿，经常让他在院子里玩得满身是泥。

因为时常在外摸爬滚打，小石头受伤的概率比中六合彩大多了。有次他不小心把脚给摔骨折了，天天把脚翘得老高。郭涛并没有因此阻止小石头去外面"野"，而是反过来说：**"没事，儿子，骨头好了再接着玩，接着闹。"**

小石头在节目中的好胃口也是郭涛一手调教的，即便只是啃馒头，他也能吃得津津有味，一个劲儿地说好吃。生活中的小石头也是如此，属于给口饭就能活的小汉子。"我从小就有意识地告诉他这好吃、那也好吃，从不惯他，所以不管是馒头还是红薯，他都吃得很香。"

除了糙养，郭涛偶尔也会对小石头进行严厉的训斥，他的严厉甚至一度遭到网友们的质疑。

他解释说："**这种教育方式我自己也有一些排斥，我以后会反省，但是这种大棒式的育儿方式并不是说完全是糟粕，只要把握好度，在处理一些原则性的事情时，是可以用一用的。**"

胡萝卜更要有

大棒可以有，胡萝卜更要有。其实，生活中的郭涛经常会给小石头一些甜蜜的"胡萝卜"。

郭涛回忆，自己的父亲当年就相当严苛。在他的整个青少年时期，父亲几乎没冲他笑过，也从来没有表扬过他。父亲说得最多的一句话就是：

"你小伙子，还嫩，还小，还不懂事，还不成熟。"身为人父后，他常常提醒自己要给予孩子更多快乐的正能量。**"我希望他长大以后不会觉得爸爸是个顽固的不可理喻的老头，而是一个可以无话不谈的好哥们儿。"**

为了让小石头健康快乐地成长，郭涛从不吝啬对他的奖励，比如让他跟爸爸妈妈一起睡，给他爱的拥抱，跟他说"儿子你真棒"。"我有时候把他抱在怀里，会故意使劲地挤他，我希望他能感受到爸爸的拥抱是有力量的。有时候，他踢足球，进了一个球，我会非常高兴去和他拥抱，和他打闹。在别人看来，这可能是一个很夸张的举动，但对孩子来说是特别特别重要的鼓励。"

不过，在爸爸奖励的众多"胡萝卜"中，小石头最看重的还是能在周末放假时和爸妈一起睡。因为这样第二天早上醒来，他就可以和爸爸在床上摸爬滚打。也没有特别的主题，就像两只动物一样打闹，最后大汗淋漓。这样简单的快乐，对小石头来说，却是最大的幸福。

亲爱的宝贝：

　　三个多月的拍摄短暂而欢乐，让爸爸感受到以前从未有过的幸福和欢乐。过去爸爸因为工作忙碌很少和你在一起，错过了你成长过程当中的瞬间和经历，现在想起来感觉非常遗憾，会有很多的缺失。这个节目让我好像重新地成长了一次，和你找到了我们很多，有时候我做梦都会渴望得到的东西，这段感觉是多么的美妙，有时候我都感觉不是现实生活发生的。而这一切的确是我们的生活，我们每次欢乐，我们每次欢笑、拥抱、奔跑、惊喜、谈天说地、矛盾和冲突，都会让我对你，特别是对自己有了很多新的认识。你是爸爸心中最棒的小伙子，你的勇敢、善良、担当、乐于助人、天真烂漫、无忧无虑，有时候淘气，有时候撒娇，有时候顽皮和闯祸，都让爸爸觉得是那么的真实，这个就是爸爸希望你在童年的样子，就像爸爸小时候一样。其实爸爸是希望你通过这次经历更多地接受自己，健康地成长，和小朋友成为好伙伴。你做到了，而且爸爸在这个过程当中，又发现你很多的潜质、很多好的品德，我为拥有你这样一个儿子感到骄傲。

　　爸爸是一个爱你的爸爸，关心、帮助你的爸爸，同时也是一个粗心有缺点的爸爸。当我看到很多节目里，自己的表现，有时候会脸红，有时候会反思。在教育问题上，爸爸还有很多问题需要解决，你不要记恨爸爸，爸爸是真心地为你好，只是好像有时候过于心急，方法简单，但是我真的希望，但是我真的认识到，并且也会改正。爸爸也在学习，爸爸很开心，把这几个月来的想法通过书信的方式和你交流，也许十几年后，你再看到爸爸写的这封信就能明白爸爸的用心良苦。但这一切都是为了一个目的，就是希望你能长大成才。最后爸爸想说，不管你多大，走到哪儿，爸爸永远支持你，永远爱你，晚安我的儿子。

2013年11月27日晚，12时

爸爸郭涛

纯爷们儿!！！

6

第六章

背后的故事

——全体节目组 辛苦第一名

![人选篇] **人选篇**
导演三顾茅庐说服星爸

　　萌主、韩范儿、公主、卡哇伊、爷们儿，导演组是如何搞掂这五个性格各异的萌娃的呢？

　　总导演谢涤葵透露，当初节目组给包括文章、韩寒、黄磊等100多位知名人士发去"英雄帖"，但等来的不少回复是拒绝。后来出现在节目中的五对父子也是临开拍不到一个月，经过多次"面试"才敲定的。至于父子档的出场费，谢涤葵表示，五位爸爸都是被节目立意所吸引，出场费都很低，有的甚至不及商演。

　　乖巧可人的小小志Kimi与"完美奶爸"林志颖这对父子档是导演组最先出击的目标，然而，要说服爱子心切、不让儿子Kimi正面曝光的林志颖带领小小志来参加节目实属不易。据导演组介绍，当初为力邀林志颖父子加盟，总监制洪涛亲自与总导演谢涤葵一行在一个月内三次去北京进行密谈，还一同奔赴台湾与小志父子见面。"林志颖本身是比较保护家人的，当时我们甚至出动了台里的高层。他来参加我们的另一个王牌节目《百变大咖秀》第四季总决赛做嘉宾，本来那期节目是准备七点半开录的，就是因为两位领导找林志颖谈这个事情，一直拖到快十点才开录。"

为了让小志打消疑虑，导演组再三强调，这档节目的主旨是想唤起家庭的亲子关系沟通和教育层面的真情。而小志也曾试探性地在微博询问粉丝："你们会想看我和小小志吗？"粉丝大多表示极度期待。导演组的真诚与节目内容的健康向上，最终令小志消除了顾虑，决定带Kimi参加。Kimi的首秀就这样"献"给了《爸爸去哪儿》。

而"能量小萝莉"田雨橙的爸爸田亮则透露，最早是总监制洪涛向叶一茜提起这个节目的，自己并没有太在意，后来节目组向自己正式提出具体邀请，并亲自赶来和父女俩见面。"跟他们聊了以后，我觉得这是一件特别有意思的事情，因为我跟女儿很少单独出去旅游，都是与家人一起，这是跟女儿相处的好机会。"虽然对女儿在镜头前曝光一事有所顾虑，但出于对洪涛个人的信任，以及"带女儿去一个艰苦的地方，让她看到社会其实是由很多不同部分组成的"这一愿景，田亮夫妇经过仔细权衡，还是决定让女儿Cindy参加节目，"让她去体验一下生活"。

"当时见到Cindy接电话，甜甜地叫了一声爸爸，瞬间就打动了我，真心觉得女儿是爸爸的'小情人'。"全程参与"找娃计划"的导演更是爆料，"郭涛家的小石头力气大，见面过程中一直要我们跟他掰手腕，还把老谢（总导演谢涤葵）抱了起来；帅气的张天天跟爸爸张亮的对话很有趣，就像在演双簧；而懂事的王诗龄听说我们是导演，就把自己的果汁给我们喝；最好玩的要数小Kimi，第一次见面的时候，他和爸爸林志颖一起唱《十七岁的雨季》，跟人猜拳的时候还会耍赖……"导演组看中的正是这群孩子的纯真可爱与真实。

技术篇
百人摄制组上山下海

五个颇有名气的星爸与活蹦乱跳的萌娃可算让导演组费尽心力。

"每次录节目都是摄制组一百多人集体出动。先是踩点组负责在全国各地寻找拍摄地，多次前往摸清地形，和当地人搞好关系；然后编剧组和现场导演组会过去第二次踩点，进一步摸清情况；最后所有摄像、监控、灯光等大部队才一起前往。"

为了全方位记录下五组嘉宾的趣事和生动表情，"大摄像机准备了20多个机位，加上监控一共40多个机位，每对星爸星娃都有两台专门跟拍的设备。"谢涤葵透露，"刚开始小家伙们非常不适应，特别是在村里第一次集合，看到这么多台摄像机，又要他们把玩具和零食交出来，有好几个都哭得非常厉害。"

但小朋友们的适应能力都很强，加上星二代对镜头天生的亲近感，与摄制组磨合一段时间后，孩子们竟然都忘记了摄像机的存在，"根本没感觉到有人在拍他们，表现非常真实"。爸爸们刚开始看到如此艰苦的环境也都"蒙"了一阵，加上大多数没有独自带过小孩，一时间鸡飞

狗跳，手忙脚乱，但没有一人打退堂鼓。田雨橙、张天天和"甜嘴小胖丫"王诗龄一同找食材的时候，三个小朋友各自提着沉重的菜篮，竟然都没有提出要摄制组的叔叔阿姨帮忙。

此外，拍摄过程中，每对父子（女）都有两个贴身跟拍摄像及一个编剧，而一千多小时的素材才能剪出一期节目，"大家在节目里看到的航拍、房间监控和摄像机跟拍，都是从两天三晚不间断的拍摄素材中抓取的"。

花絮篇
租民居几百元一天

为了帮星爸和星娃们找到六个风景迥异的冒险地，《爸爸去哪儿》设置了专门的外景踩点小组。他们几乎走遍了国内的所有省份，希望找到未被开发过的地区。

首期节目是在北京门头沟灵水村拍摄的。开拍前，工作人员对全村进行多次"扫雷"："农村里的狗是我们最担心的，所以要跟住户商量，把大狗拴起来。"每次录制时，节目组还会在外景地形成"包围圈"，以确保孩子的安全和隐私。

节目中出现的灵水村村民，都是如假包换的"原住民"。即使在拍摄时，村民们也不知道这些满村乱窜的人其实是明星。星爸星娃住的民居，是节目组以一天几百元的价格向村民租来的。房间虽然经过工作人员的简单打扫布置，但基本维持着房屋的本来样貌。另外，编导们除了事先想好本期节目的环节设计，还得准备好全部的硬件设施。例如在湖南平江录制前，编导们购买了很多泥鳅放到田地里，以便于孩子和爸爸展开捉泥鳅的亲子游戏。

风波篇
赞助商"临阵脱逃"

《爸爸去哪儿》播出后收视一路飙红，创造了国内电视节目史上"零差评"与高口碑的纪录。其第二季的独家冠名费更是高达3.1199亿，创中国电视史上最高冠名纪录。

事实上，一开始，湖南卫视对这档节目并没有十足的把握，"周五收视时段很宝贵，一开始并没有安排给《爸爸去哪儿》，原本想放到周末晚间档，后来又考虑过放到周一，但是那些时间收视真不看好。直到9月中旬，台里高层看到了剪辑完成的版本之后觉得不错，才一拍大腿，敲定了周五晚间档"。

即使高层认为不错，直到临近开播，对《爸爸去哪儿》的质疑仍没断过。广告商心里没底，不愿担风险。节目录制前两期时，赞助商曾随摄制组一起去北京灵水村实地观摩，到了那儿看到的却是哭闹的小孩、手足无措的老爸，顿时就被浇了个透心凉。为了避免"损失"，该赞助商在10月4日左右"临阵脱逃"。冠名商被迫临时调换。所以，从某种程度上讲，《爸爸去哪儿》是一个真正的惊喜。

节目总导演谢涤葵也表示，之前没想到节目会如此火爆："节目开播前我们的宣传预热微博转发只有几十条，节目一开播就迅速飙到了几千的转发量。原本我还蛮担心的，看到刷屏式的讨论真的很意外。"

这，不是秀

《爸爸去哪儿》总导演　谢涤葵

　　直到现在，我还不能完全地讲清楚《爸爸去哪儿》到底是一档什么样的节目。

　　有人说，它看上去像是个纪录片。确实，它记录的是什么呢？是父子之间的战争与和平。节目中，五个老爸经常被他们的小孩搞得如临大敌、疲惫不堪，时时刻刻都处在一种迎战的状态。

　　也有人讲这是一档真人秀节目，从节目形态上来讲，的确如此。但是，记得我们采访郭涛的时候，他说这其实不是一个秀，甚至不是一档节目。确实，我们九十分钟的节目没有一分钟是虚伪和经过修饰的，完全都是真实的，这不是一个秀。

　　还有人讲，这个节目是《变形计》的升级版，是明星版的《变形计》，也有一定的道理。我们采访田亮的时候，他说："我为什么来参加这个节目？是让我的女儿来农村受苦的吗？"但是大家看完这个节目后，会发现它跟《变形计》还是不一样，它的娱乐性更强一些。

　　那么，这到底是一档什么样的节目呢？给这个节目写定位的时候，我们还真的有点儿头痛。最后我们定下来的是，这是一档全新父子亲情互动趣味真实感动记录的节目，这个定位很准确，但是很冗长、很官方。

　　所以我用自己的直观感受来描述，这是一档创新气质很强的节目，市面上很少有。只有在这里，才能看到林志颖用工作人员吃剩的盒饭去给儿子糊窗户纸。

　　这是一档需要大家静下心来看的节目，它跟现在的唱歌选秀节目不一样，没有绚烂的舞台、动人的音响，没有比赛、PK、淘汰，也没有浓郁的煽情，它有的只是父亲与儿女之间那种很真实的相处，还有就是大家在不经意中被感动的那种小清新。

　　这是一档天地广阔、大有作为的节目，因为我感觉到我们的制片人思维都局限在演播厅这个小范围内，但是《爸爸去哪儿》每一次都会带我们去一个非常新鲜独特的地方。

　　最后，我觉得这是一档累死人的节目。这个节目有40多个机位，后期有海量的素材，整个素材量加起来达一千多小时，可以说，这是现阶段国内制作最复杂的一档节目。最让我们工作人员感到残酷的是，每次我们饥肠辘辘的时候，还要聚精会神地去拍五对嘉宾狼吞虎咽地吃美食的场景。

　　我们的嘉宾张亮，以前做过厨师，他做的料理每次都让我们垂涎三尺。还有王岳伦的闺女，她的吃相总是那么诱人，这对我们的神经确实是一个极大的考验。记得我们在草原上拍他们吃烤全羊，拍到最后我们都受不了了，还是王岳伦善解人意，他说："兄弟们，你们也来尝尝吧。"然后大家就一拥而上。

　　虽然这个节目不是原创，大框架同韩国的《爸爸！我们去哪儿？》是一样的，但其实我们只是有了这样一个框架，里面的东西还得靠自己去填充。我们找的每一个地方，其实比韩国的地方更奇特，这也是由我们的国情决定的。因为中国确实地大物博，有很多有意思的地方供我们选择。在这一点上，我们做得可能比韩国版的要极致一点。

　　最后我想说，这绝对是一档值得所有人一看的好节目。看完之后，或许很多人都会有想做老爸的冲动，甚至有想生一堆小孩的冲动。还有那些正在进行中的父亲，或许我们的节目能对你们有所帮助。